COMMENTAIRE PHILOSOPHIQUE
Sur ces paroles de
JESUS-CHRIT
Contrain-les d'entrer;

TROISIÉME PARTIE.

Contenant la refutation de l'Apologie que S. Auguſtin a faite des Convertiſſeurs à contrainte.

A CANTORBERY
Chez THOMAS LITWEL.
1687.

LETTRE DE L'AUTEUR A SON LIBRAIRE.

SI vous avez encore du tems pour cela, (& il n'importe que vous aiez déja vendu quelques éxemplaires) je vous prie, Monsieur, de publier ce qui suit à la tête de la 3 Partie.

PREFACE.

Je viens de lire le Traitté des droits des 2 Souverains, &c. contre un Livre intitulé *Commentaire Philosophique, &c. & l'ai trouvé une fausse & tres-foible attaque dudit Commentaire. L'Auteur avouë dés l'entrée que malgré lui & la nature son chagrin & la volonté d'un de ses amis le vont ériger en Auteur. C'est avoir peu de jugement que d'avouër une telle chose. Le chagrin ne doit pas entrer dans la composition d'un Ouvrage; il faut regarder d'un œil serain les objets & non pas au-travers d'un nüage qui les confond & qui les brouille autant*

autant que ſait la colére & le chagrin. Il faut, dis-je, ne les pas regarder au-travers d'un tel nüage quand on veut refuter un homme, & il eût ſait beaucoup mieux s'il eût ſuivi les conſeils de la nature qui le détournoient de s'ériger en Auteur. En effet ſon Ouvrage eſt vicieux dans les endroits qui devroient être le plus eſſentiellement ſolides, puis qu'il ne roule que ſur une fauſſe poſition de l'état de la queſtion & qu'il s'y bat contre un fantôme, je veux dire contre une opinion qu'il m'impute fauſſement. Il ſe tuë de prouver que l'on pêche & que l'on offen-

ſe Dieu tres-ſouvent en agiſſant ſelon les lumieres de la conſience. Qui lui nïe cela? Ne l'ai-je pas dit tres-clairement en plus d'un lieu? Il m'accuſe auſſi d'introduire l'indifference des Religions, & au-contraire il n'y eût jamais de doctrine plus opposée à cela que celle qui établit qu'il faut toûjours ſe conduire ſelon ſa conſience. Pareilles illuſions regnent dans l'endroit où il parle de la Puiſſance legiſlatrice du Souverain en matiere de Religion. Pour les citations de l'Ecriture, elles ſont fort frequentes dans ſon livre; mais la pluſpart malentenduës & à la S. Auguſtin.

En un mot cét Auteur s'eſt ingeré dans les choſes qu'il n'a point veuës, & a continuellement commis le Sophiſme de ne point prouver ce qu'il faloit. Ce que je crois proceder moins de mauvaiſe foi que d'inexperience dans la compoſition des ouvrages Polemiques, ou d'une mauvaiſe coûtume de juger des choſes précipitanment & à veuë de Pais, & de lire en courant & par-ci par-là les livres nouveaux. Cette maniere de lire doit être permiſe à tout le monde quand on ne veut pas devenir Cenſeur; mais quand on veut refuter les gens elle eſt tout

à fait

à fait impardonnable. En effet les Lecteurs habiles ne pardonnent jamais à quiconque éxamine si négligenment ce qu'il refute, qu'il ose atribuër à son adversaire, & le refuter sur ce pié-là, le contraire de ce qu'il a enseigné.

A Londres

le $\frac{20}{30}$ May 1687.

COMMENTAIRE PHILOSOPHIQUE

Sur les Lettres

DE S. AUGUSTIN

Qui font l'Apologie de la contrainte des Héretiques.

COmme dans la 1 Partie de ce Commentaire j'ai dit d'abord, que je ne considérerois pas les circonstances particulieres du passage que j'avois dessein de commenter, mais que j'en refuterois le sens literal considéré en lui-même, & que je le combatrois par des principes généraux ; je dis aussi au commencement de cette 3 Partie que je ne fais aucune attention aux circonstances particulieres de S. Augustin, des Donatistes, du siécle, ni du païs où ils vi-

 voient,

voient, mais que je remonte à la plus-grande généralité qui se puisse, pour montrer que les raisons de S. Augustin considérées en elles-mêmes, & dépouillées de tous leurs accidens défavorables ne laissent pas d'être fausses. Peu m'importe donc que S. Augustin ait crû autrefois qu'il ne faloit pas user de contrainte en matiere de Réligion, peu m'importe qu'il n'ait changé de sentiment que parce qu'il fût frappé du succés qu'eurent les Loix Imperiales, ce qui est la plus-pitoiable maniére de raisonner qui se puisse voir, car n'est ce pas la même chose que si on disoit, *un tel a gagné beaucoup de bien, donc il ne s'est servi que de moiens légitimes*? peu m'importe encore que S. Augustin ait été de telle ou de telle humeur, d'un tel ou d'un tel caractère; enfin peu m'importe que les Donatistes fussent des ridicules qui se tinsient séparez des autres Chrétiens pour des bagatelles; je je veux conſidérer les raiſons de S. Auguſtin comme ſi elles tomboient des nuës, & dans un état de préciſion, & je veux bien même prendre le parti de ce grand homme contre ceux qui l'accuſent de n'avoir aporté dans la diſpute aucune bonne foi. Je croi fort le contraire; je croi qu'il penſoit ce qu'il diſoit, mais comme c'étoit dans le fond une bonne ame & touchée d'un zéle ardent, il ſe perſuadoit aiſément les choſes qui lui ſembloient favorables à ſes préjugez, & il croioit rendre un ſervice à la vérité & à Dieu en trouvant par tout des raiſons qui appuiaſſent ce qu'il croioit être la vérité. Il avoit beaucoup d'eſprit, mais il avoit encore plus de zéle, & autant qu'il donnoit à ce zéle (or il lui donnoit beaucoup) autant ôtoit-il au ſolide raiſonnement & aux pures lumieres de la véritable Philoſophie. C'eſt ainſi que vont les choſes; c'eſt un

 grand

grand avantage que d'avoir l'ame bonne & zélée, mais il en coute bon à l'esprit & à la raison, on devient crédule, on se paie des plus-méchans sophismes pourvû qu'ils soient commodes à sa cause, on se fait des monstres épouvantables des moindres erreurs de son adversaire, & si l'on est avec cela d'un naturel véhément, où ne se porte-t-on pas, quels éforts ne fait-on pas pour donner la gêne à l'Ecriture, à la tradition, & à toutes sortes de principes? on veut trouver son compte par tout, on outre tout, & pour bien dire on gâte tout. Je ne pense pas que personne ait mieux jugé de S. Augustin qu'un Jesuïte nommé le P. Adam, quoi qu'ait voulu dire au-contraire le P. Noris dans ses *vindiciæ Augustinianæ*. Mais comme je l'ai déja dit, peu m'importe que S. Augustin ait été ceci ou cela; je veux considérer ses preuves sans égard à nuls pré-

préjugez. Examinons donc les 2 lettres de ce Pére que l'Archevêque de Paris a fait imprimer à part ſelon la nouvelle verſion Françoiſe, & à la tête deſquelles on a mis une Préface dont nous avons refuté une partie dans nôtre diſcours Préliminaire. Tout le livre eſt intitulé *Conformité de la conduite de l'Egliſe de France pour raméner les Proteſtan , avec celle de l'Egliſe d'Afrique pour raméner les Donatiſtes à l'Egliſe Catholique* La prémiere de ces 2 lettres eſt la 93 de la nouvelle édition, & la 48 des anciennes, & a été écrite l'an 408 à un Evêque Donatiſte nommé Vincent, qui en avoit écrit une à S. Auguſtin pour lui témoigner ſa ſurpriſe de l'inconſtance de ce Pére, qui aiant crû autrefois qu'il ne faloit point emploier l'autorité des Puiſſances ſéculieres contre les Héretiques, mais ſeulement la parole de Dieu & les raiſons, étoit paſſé du blanc au noir ſur cette importante

 matie-

matiere. Ecoutons la 1 remarque de S. Augustin.

I

PAROLES DE S. AUGUSTIN.

Je suis encore plus-amateur du repos présentement que dans le tems que vous m'avez connu jeune à Carthage, mais les Donatistes étant aussi inquiets qu'ils le sont, je ne laisse pas d'être persuadé, qu'il est tres à propos de les reprimer par l'autorité des Puissances établies de Dieu.

REPONSE.

VOila un des plus-méchans débuts que l'on vit jamais, & le plus-capable de faire naître des soupçons contre la bonne foi de S. Augustin, car c'est parler en homme qui cache le vrai état de la question, qui cherche à donner le change à ses Lecteurs, qui craint de s'expliquer en un mot, & pour couper court, qui veut gagner sa cause

cauſe par ſupercherie. Ne diroit-on pas ſur la foi de ces paroles que la raiſon pour laquelle il croit qu'on peut faire intervenir l'autorité du bras ſéculier à l'encontre des Héretiques, eſt leur inquiétude perturbatrice du repos public? Si cela eſt il ne faudra pas recourir aux Princes contre des Héretiques qui ſe tiennent cois chez eux & qui n'inquiétent perſonne. Voila ce que l'on peut recueillir de ces paroles de S. Auguſtin; cependant ce n'eſt pas là ſa penſée; il a crû qu'il faloit faire des Loix contre les Héretiques les plus-débonnaires, afin que les châtimens temporels les détermina{ſſ}ent à rentrer dans l'Unité; & s'il n'avoit pas crû cela, rien ne ſeroit plus-vain ni plus-pitoiable que les raiſons qu'il déploie avec tant de ſoin. Ainſi il s'eſt ſervi ou d'un préambule trompeur & artificieux, ou ce qui me paroît plus vrai-ſemblable, d'une penſée tres-fauſſe &

la plus-éloignée du monde de la justesse d'un homme qui sait bien écrire & bien raisonner.

Car qui a jamais douté que ce ne soit le devoir des Princes de faire des Loix contre les Héretiques qui inquiétent leur prochain, qui sont remüans, persécuteurs, & choses semblables? qui a jamais douté que les gens de bien ne puissent & ne doivent exhorter les Princes qui négligeroient de remédier à ces violences, de les reprimer par le glaive que Dieu leur a mis en main? Non seulement c'est le devoir des Princes de reprimer les Héretiques factieux, turbulens, & inquiets, mais aussi les Orthodoxes qui tomberoient dans une pareille conduite. Que veut donc dire S. Augustin quand il nous dit qu'l trouve tres à propos de reprimer par l'autorité des Puissances la hardiesse que prendroient des Sectaires de violenter le monde, & d'opprimer leur pro-

prochain? Etoit-ce de cela qu'il étoit question; quelcun auroit-il dû s'étonner que ce Pére fût dans ce sentiment? est-il nécessaire de publier des Apologies quand on y est? Il n'y a donc rien de plus-mal-pensé que de poser un tel principe à la tête d'un Ouvrage, où il s'agissoit de justifier, non pas les Loix qui reprimoient les violences des Donatistes, mais les Loix qui en vouloient directement & immédiatement à leurs erreurs, puis qu'elles les soumettoient à des peines temporelles, en cas qu'ils voulussent perséverer dans leurs sentimens.

C'est ce qu'a avoüé depuis peu le * S[r]. Ferrand, l'un des Avocats des persécutions, & il l'a prouvé même par un passage de S. Augustin. Il a fait voir qu'à la vérité *la violence des Donatistes fût la source & comme la 1 cause des Loix Imperiales, mais qu'il*

* Discours Prélim. de sa réponse à l'Apologie pour la Reformat.

qu'il y en eût une 2 qu'on peut apeller la prochaine & l'immédiate, *ou pour mieux dire le principal motif qui porta Honorius à faire des Loix sévéres contre les Donatiſtes*, & que ce motif fût fondé ſur l'horreur qu'il conçût de leur Héreſie & de leur Schiſme. Les preuves qu'il en aporte ſont tres-convaincantes, car il remarque qu'Honorius ne fait point mention de leurs crüautez, que ſes Loix comprennent généralement tous les Donatiſtes, qu'il ne dit point que les peines qu'il ordonne tomberont ſur eux s'ils ne ceſſent d'éxercer leurs violences, & qu'au-contraire il déclare qu'il veut abolir leur Secte, & leur faire ſubir ces peines s'ils ne rentrent dans l'Egliſe Catholique, & qu'on continüera les peines toutes les fois qu'ils feront quelque éxercice de leur Réligion. Je dis que ces preuves ſont convaincantes, la choſe parle d'elle-même, car lors qu'on veut empêcher les inſolenlences de certaines gens, & rien plus, on ſe contente d'établir des peines contre ceux qui les commettront, & on ne s'aviſe pas de châtier ceux mêmes qui s'en déporteront à pur & à plein. La choſe rare que ce ſeroit ſi pour reprimer la licence des Libelles diffamatoires, on établiſſoit des peines contre ceux qui s'abſtiendroient réligieuſement d'en plus faire ou débiter, ou ſi pour refréner l'humeur mutine d'une Province on menaçoit de la ravager lors même qu'elle ſe tiendroit dans l'obéïſſance, & les Villes mêmes qui n'auroient jamais eu part aux Séditions. Je dis bien plus, ſi les Empereurs n'avoient eu pour but que de reprimer l'audace des Donatiſtes & la fureur de leurs Circoncellions, il n'auroit pas été néceſſaire de publier de nouvelles Loix : n'y en avoit-il pas aſſez, connuës de tous les Magiſtrats de l'Empire contre les voleurs, les aſſaſſins, les que-

querelleux, & contre tous ceux en général qui se servent des voies de fait contre leurs Concitoiens; il n'auroit falu qu'ordonner aux Juges d'éxécuter les Loix Romaines contre les Circoncellions, tout de même qu'en Italie on se contente d'ordonner aux Magistrats de procéder contre les Bandits selon la rigueur des Loix établies de tout-tems. Je ne pense pas que s'il arrivoit du changement dans le Roiaume de France, il fût nécessaire de faire des Loix en particulier contre les Officiers des Dragons qui ont pillé les Huguenots; il suffiroit de consulter le Droit Romain, le Coûtumier ou l'Ordonnance, dans les titres qui regardent la punition des voleurs, & attendu qu'il n'a point parû d'Edit, ni d'Arrêt qui leur ordonnât de saccager les maisons; ils seroient justement punis comme violateurs des Loix les plus-sacrées de la société civile. Tant il est vrai que tout homme me particulier qui fait tort à ſon voiſin, qui le bat, qui le dépouille de ſon bien, qui le force à faire des choſes dont il a horreur eſt coupable *ipſo facto* de la violation des Loix fondamentales de la République, & digne par conſéquent de punition ſans qu'il ſoit beſoin de rien ſtatüer de nouveau ſur ſon ſujet. N'eût-on aucune Loi écrite dans un Etat, cela s'entendroit de lui-même n'y aiant point de ſociéte qui ne ſupoſe eſſentiellement qu'un perturbateur du repos public, & quiconque maltraite ſon Concitoien eſt puniſſable.

Mais il eſt bon d'éclaircir ici une difficulté ; c'eſt que par perturbateur du repos public, on ne doit pas entendre ceux qui ſont cauſe par accident de grandes combuſtions & revolutions, car ſi cela étoit Jeſus-Chrit & ſes Apôtres euſſent été juſtement traittez comme perturbateurs de la République, d'aud'autant qu'ils vinrent ſuſciter un grand procés à la Réligion dominante, & éléver autel contre autel, d'où naquirent mille deſordres dans la ſociété humaine. Je n'apelle donc perturbateur du repos public que ceux qui courent les champs pour piller Bourgs & Villages, & voler ſur les grands chemins, ceux qui excitent la ſédition dans les Villes, ceux qui frappent leur prochain dés qu'ils ſe ſentent plus-forts que lui, en un mot ceux qui ne permettent pas à leurs Concitoiens de jouïr commodement & tranquillement, s'ils veulent, des biens, droits & actions qui leur apartiennent. Sur ce pié-là il eſt clair que ni Jeſus-Chrit ni ſes Apôtres n'ont pas été des perturbateurs du repos public, car ils ſe contentoient de montrer aux hommes la fauſſeté de certaines opinions, & l'injuſtice de certaines actions, ceux qui ſe convertiſſoient demeuroient encore plus-ſoumis qu'auparavant aux Loix de l'Empire, & ainsi le succés de cette nouvelle prédication ne pouvoit pas nuire par lui-même à l'Etat. Il étoit permis à un chacun de demeurer Juif ou Paien s'il vouloit, & l'on ne permettoit pas à ceux qui quittoient le Judaïsme ou le Paganisme de maltraiter ceux qui ne faisoient pas le semblable, ainsi il ne tenoit qu'au monde d'être aussi tranquille qu'auparavant parmi ces nouveaux Prédicateurs, & par conséquent les Loix des Empereurs contre eux ont été tres-mal fondées. Par un semblable principe il est aisé de faire voir que Wiclef, Jean Hus, Luther, Calvin, Zuingle n'ont point dû être traittez de perturbateurs du repos public; quoi qu'ils aient reveillé une tres-grosse querelle à une doctrine qui joüissoit dans le monde d'une grande paix; & à moins qu'on ne prouve qu'ils ont forcé à les suivre ceux qu'ils trou-

trouvoient mal diſpoſez à ſe reformer (auquel cas ils euſſent été encore plus haïſſables comme des perſécuteurs, que vénérables comme des Reformateurs) on n'a rien à dire contre eux ſous cét égard particulier qui concerne le repos public.

Pour mieux établir ma penſée, je remarque qu'il ne faut jamais rendre odieuſe la doctrine que l'on croit fauſſe par les endroits qui lui ſont communs avec la doctrine que l'on croit vraie. Puis donc que l'erreur & la vérité ont cela de commun que quand elles ſe préſentent dans un païs où on eſt perſuadé du contraire en fait de Réligion, elles y cauſent des remüemens, il ſeroit abſurde de prétendre que ceux qui viennent anoncer une doctrine erronée ſont puniſſables, par cela ſeulement qu'ils ont troublé le repos dont on jouïſſoit dans l'uniformité de ſentimens; car ce repos & cette uniformité n'auroient pas été

moins

moins troublée dans un païs imbu de l'erreur, si on y eût envoié des Prédicateurs de la vérité; il faut donc passer également à la vérité & à l'erreur les suites qui les accompagnent par accident; d'où paroît que si les Donatistes n'avoient été coupables d'autre trouble que de ce qu'ils causoient un Schisme dans l'Eglise dont les membres avoient été auparavant bien unis, les Empereurs auroient été fort-mal fondez de les traiter de perturbateurs du repos public, & de les vouloir contraindre par force à rentrer dans le giron de l'Eglise. La seule contrainte que ces Empereurs ont pû leur faire légitimement, c'est de faire châtier ceux d'entre eux qui mal traitoient les Catholiques, & qui en les reduisant à l'aumône leur arrachoient un consentement simulé au 2 batême. Si leurs Loix pénales n'avoient eu pour but que le châtiment d'une conduite si opoſée au droit naturel, au droit des gens, & à tout ce que les Sociétez ont de plus inviolable, non ſeulement S. Auguſtin n'auroit pas eu beſoin de faire l'Apologie de l'aprobation qu'il leur auroit donnée, mais il auroit été tres-injuſte s'il ne les eût pas aprouvées; mais comme l'a fort-bien prouvé le S[r]. Ferrand, les Loix de ces Empereurs avoient toute une autre vûë, ſavoir de contraindre les Donatiſtes à quitter leur parti par la peur d'une vie languiſſante & miſerable. Or c'eſt ce qui eſt non ſeulement peu conforme au Chriſtianiſme, mais auſſi à tout ſentiment de raiſon & d'humanité, de ſorte qu'il eſt ſcandaleux au dernier point que S. Auguſtin en ait entrepris la défenſe. Retournons à l'éxamen de la lettre.

II

PAROLES DE S. AUGUSTIN.

Aussi avons-nous la joie d'en voir plusieurs qu'on a fait revenir par ce moien à l'unité Catholique.

REPONSE.

VOici encore une marque de ce je ne sai quoi qui porte les gens à cacher les méchans côtez de leur cause. S. Augustin n'a osé dire d'abord qu'il fût à propos de recourir au bras séculier pour obliger les Héretiques à signer un nouveau Formulaire ; cela paroissoit odieux proposé ainsi crüement, qu'a-t-il donc fait, je ne dis pas par mauvaise foi, mais aveuglé par ses préjugez ; il a détourné son Lecteur de cét objet, & ne l'a apliqué qu'à un autre, qui bien loin d'être choquant n'a rien que de légitime, c'est qu'il est bon & loüable d'emploier le le pouvoir des Souverains à maintenir le repos public que des Hérétiques mutins, factieux, & perſécuteurs troublent. Mais il ſe dément lui-même, ou plûtôt il dit en paroles couvertes ce que c'eſt, quand il convient que les Loix Imperiales avoient obligé pluſieurs Donatiſtes à déſerter le parti. C'eſt donc pour cela qu'elles étoient faites; c'étoit donc aux perſéverans dans le parti qu'elles infligeoient des châtimens temporels, & non ſimplement à ceux qui uſoient de violence ſur les Orthodoxes. Or c'eſt cela qu'il faloit d'abord déclarer, & promettre rondement de juſtifier, & il y eût eu quelque ſuite dans le diſcours, au lieu que ce ne ſont que paroles mal-liées & mal-arrangées *ſcopæ diſſolutæ*, il faloit dis-je, déclarer qu'il eſt à propos de recourir aux Puiſſances pour obliger les gens à changer de Réligion, & à cela les paroles que nous avons citées

tées en 2 lieu eussent servi de quelque preuve bonne ou mauvaise, car voici quel auroit été le raisonnement de S. Augustin.

Les Loix qui ont fait revenir plusieurs à l'unité Catholique sont bonnes.

Or les Loix qui commandoient aux Donatistes de revenir à cette unité sous de grosses peines, y ont fait revenir plusieurs.

Donc elles sont bonnes.

Faut-il s'étonner si toutes ces plumes vénales que les Convertisseurs modernes emploient ne font que biaiser & gauchir, sans jamais oser proposer le vrai état de la question, puis que S. Augustin, le grand Patriarche de ces malheureuses Apologies, ne dit qu'à demi & en tremblant de quoi il s'agit entre lui & celui qu'il veut refuter.

III PA-

III

Paroles de S. Augustin.

La force de la coûtume étoit une chaine qu'ils n'auroient jamais rompuë s'ils n'avoient été frappez de la terreur des Puissances séculieres, & si cette terreur salutaire n'avoit apliqué leur esprit à la considération de la vérité, &c.

REPONSE.

VOici le grand lieu commun & pour ainsi dire le raisonnement banal des Convertisseurs modernes. Je les renvoie, s'il leur plaît, à la 2 Partie de mon Commentaire Ch. 1 & 2, & s'ils y répondent, je leur promets de refuter tout de nouveau leur grande maxime. Mais franchement je ne crois pas que jamais ils aient à y oposer rien qui vaille, car que peut-on dire contre une chose qui saute aux yeux, c'est que tous ceux qui se méleront de faire

faire des Loix pénales contre les Sectaires soutiendront aussi resolument que S. Augustin & que les Convertisseurs de France, qu'ils prétendent seulement reveiller le monde de l'engourdissement où il est tombé, & rompre la chaine de l'erreur par la crainte du châtiment temporel. Dira-t-on que ceux qui emploient cette maxime contre les Orthodoxes manquent leur coup, & qu'ainsi ils ne se peuvent jamais glorifier de ce dont S. Augustin & les Missionnaires botez de France se glorifient. A cela je n'ai qu'un mot à leur dire. Les Catholiques d'Angleterre étoient-ils Orthodoxes au tems de nôtre glorieuse Heroïne Elizabeth, ou non, & changerent-ils de bon gré, ou par quelque espece de contrainte ? On n'osera m'avoüer ni qu'ils ne fussent pas Orthodoxes, ni qu'Elizabeth les fit changer par la seule voie de la douceur & de l'instruction ; il

faut

faut donc que l'on m'avouë que les mêmes ſuccés que leurs violences obtiennent contre les autres, les autres les obtiennent ſur eux. A quoi je pourrois ajoûter cette queſtion ; les Chrétiens que les Sarrazins firent changer de Réligion n'étoient-ils pas fidéles? d'où vient donc que les armées de Mahomet & de ſes ſucceſſeurs en firent abjurer un ſi grand nombre? par tout il ſe trouve de nouveaux Convertis qui font ſemblant d'être bien aiſes de leur nouvelle Réligion ; ils font leur cour par-là & vont au Bénéfice.

IV

PAROLES DE S. AUGUSTIN.

Si un homme voioit ſon ennemi prêt à ſe précipiter par le tranſport d'une fiévre chaude ne ſeroit-ce pas lui rendre le mal pour le mal que de le laiſſer faire plûtôt que de l'en empêcher & de le lier? Cependant ce phrénétique ne prendroit cét office de de bonté & de charité que pour un outrage & pour un effet de haine : mais s'il revenoit en santé il verroit bien que plus ce prétendu ennemi lui auroit fait de violence plus il lui seroit obligé. Combien avons-nous de Circoncellions mêmes qui sont présentement des Catholiques zélez, & qui ne seroient jamais revenus à eux si on n'avoit emploié, pour les lier comme des phrénétiques, les Loix de nos Souverains?

REPONSE.

C'est une des plus-grandes infirmitez de l'homme, qu'il faut nécessairement lui proposer mille choses populaires, & les lui prouver d'une façon populaire, à quoi nous nous accoûtumons si fort, que tout ce qui n'est pas raison populaire ne nous sauroit toucher, & tout ce qui l'est nous importe. Voila le grand fort de S. Augustin & de plusieurs autres personnes de son métier : ils se bâtissent un Empire ou un Palais, dont les habitans sont de grands lieux communs populaires, comparaisons, éxemples, figures de Rhétorique; par ce moien ils dominent sur le peuple, ils l'émeuvent & l'apaisent comme faisoit Æole la mer par l'entremise des vents: Cette comparaison est juste, car de part & d'autre ce n'est que du vent qui produit tous ces effets: Qu'ils s'enferment tant qu'il leur plairra dans ces demeures, *Illa se jactet in aula Æolus & clauso ventorum carcere regnet*, mais tâchons de montrer que ce n'est là que du vent.

Se peut-il rien voir dans le fond de moins solide que cette comparaison de S. Augustin entre un phrénétique que l'on lie pour l'empêcher de se jetter par une fenêtre, & un Héretique que l'on empêche par force de suivre les mouvemens de sa consience. Je le dis encore une fois; si on n'avoit fait des Loix que pour tenir en bride la fureur des Donatistes, & pour punir les injures

injures qu'ils avoient faites aux Catholiques, par éxemple pour envoier aux Galéres ceux d'entre eux qui auroient batu & dépouillé de leurs biens les Catholiques, il n'y auroit rien que de tres-loüable, & il n'eût pas été nécessaire de recourir à la comparaison d'un phrénétique que l'on enchaîne; mais il s'agissoit de certaines Loix qui condannoient les valets aux coups de bâton, aux verges, à la perte de la 3 partie de leur pécule, & les autres conditions à des amendes qui les ruïnoient, au transport de tous les biens aprés la mort des péres à d'autres familles, à ne pouvoir ni vendre ni achéter, ni donner retraite à son ami plus-intime; il y en avoit qu'on dépouilloit de tous leurs biens, & qu'on éxiloit. Voila les Loix qui tenoient atachez les Donatistes: avec ces chaînes on les traînoit dans la Société des autres Chrétiens, & on les empêchoit d'en

 sor-

ſortir, c'eſt-à-dire ſelon S. Auguſtin, qu'on leur rendoit encore un plus-grand ſervice qu'à un phrénétique prêt à ſe précipiter que l'on lie de bonnes cordes. Comparaiſon pitoiable ; car pour ſauver la vie à un phrénétique qui va ſe précipiter, il eſt indifferent qu'il conſente à ce qu'on lui fait, ou qu'il n'y conſente pas : il eſt également préſervé du précipice & d'une façon & d'autre, ainſi on fait ſagement & charitablement de s'opoſer à ſes deſirs, & de le lier de bonnes chaînes s'il eſt requis, quelque opoſition qu'il ſemble y faire ; mais à l'égard de l'Héretique on ne lui ſauroit faire du bien pour ſon ſalut s'il n'y conſent. On a beau le faire entrer par force dans les Egliſes, le faire communier par force, lui faire dire & de bouche & par écrit le bâton haut qu'il abjure ſes erreurs, & qu'il embraſſe la foi Orthodoxe, tant s'en faut que cela l'aproche du du Roiaume des Cieux qu'il l'en éloigne au-contraire davantage. Si le cœur n'eſt touché, mû & convaincu, tout le reſte ne ſert de rien, & Dieu lui-même ne nous ſauroit ſauver par force, puis que la grace la plus-efficace & la plus-néceſſitante eſt celle qui nous fait le plus conſentir à ce que Dieu veut, & vouloir le plus-ardenment ce que Dieu veut. Quelle illuſion n'eſt-ce donc pas, & quel Sophiſme puerile que de prétendre qu'on peut préſerver un homme de l'Enfer & l'envoier en Paradis, par un expédient ſemblable à celui dont on ſe ſert en liant un maniaque pour lui ſauver la vie quand il veut ſe précipiter. La ſeule voie de ſauver un homme qui court à bride abatuë & avec un grand zéle dans le chemin de l'Enfer, c'eſt de lui faire perdre l'envie qu'il a de marcher ſur cette route, & de lui inſpirer celle de marcher ſur la route opoſée ; à quoi ne ſervent de rien, généralement parlant, ni les éxils, ni les prisons, ni les amendes. Cela peut bien empêcher qu'on ne fasse exterieurement ce que l'on faisoit, mais non pas qu'on ne le fasse interieurement, & c'est dans l'interieur qu'est le principal & le capital venin. Ce mot d'un Poëte Latin *invitum qui servat idem facit occidenti*, n'est jamais plus-vrai qu'à l'égard des Perſécuteurs. Le soin qu'ils prennent d'empêcher qu'un Héretique ne coure à ce qu'i's nomment la mort, & la violence qu'ils lui font est pis que s'ils le tüoient.

V

Paroles de S. Augustin.

Il y en a, direz-vous, sur qui on ne gagne rien par-là; je le veux, mais faut-il abandonner la médecine parce qu'il y a des malades incurables?

RE-

REPONSE.

SI le Donatiste proposoit aussi foiblement cette objection que S. Augustin le représente, c'étoit un pauvre homme. Que ne représentoit-il à ce Pére l'éfet qu'avoient eu les persécutions des Paiens du tems de S. Cyprien, celle de l'Empereur Constance, & la vigilance de Pline le Jeune dans son Gouvernement de Bithinie. N'est-il pas constant qu'un tres-grand nombre de personnes succomberent dans ce tems-là à la tentation, & n'en doit-on pas conclurre que les violences sont tres-propres à faire faire au corps ce que le cœur desavouë interieurement, & à remplir la Société persécutante de tous les mondains, avares, hipocrites & temporiseurs qui sont dans le parti persécuté. Ce qui ne pouvant être nïé quand on l'éxamine mûrement, il est clair que la 2 Comparaison de

S. Auguſtin ne vaut guere mieux que la prémiere. On lui avoüera qu'un remède dont on a ſouvent éprouvé les bons effets, doit être emploié encore qu'il ne guériſſe pas tous les malades; mais qu'une choſe qui a mille fois ſervi de poiſon, & qui eſt les armes ordinaires des ennemis de la vérité, dont ils terraſſent ſes Sectateurs, ſoit emploiée par la vérité comme une bonne médecine de l'erreur, c'eſt aſſurement ce qui eſt contre le bon ſens, & contre les régles de la ſageſſe. Outre que S. Auguſtin ſupoſe ce qui eſt en queſtion, ſavoir que la perſécution eſt une médecine. Toute la preuve qu'il en alégue c'eſt qu'elle avoit converti pluſieurs Donatiſtes; mais 1. ſavoit-il que ce fuſſent de gens bien convertis. 2. cette prétenduë médecine n'avoit-elle pas tüé un grand nombre d'Orthodoxes ſous les perſécutions précédentes. 3. ſi on n'a connu que par l'évánevénement que ce fût une médecine, il faloit au moins convenir qu'on avoit été fort-téméraire de s'en servir avant que d'en connoître les éfets, & cependant on louë ici ceux qui l'emploierent avant que de la connoître par ses éfets.

Voici une remarque qui me paroît de quelque poids. L'Homme qui se sert un peu de sa raison est fort-capable de connoître qu'il faut adapter les remédes à la nature des maladies, & qu'ainsi l'erreur étant une maladie de l'ame, il la faut guérir par quelque chose de spirituël, comme sont les instructions & les raisons. La révélation bien loin de traverser cette maxime, l'apuie, & la recommande fortement; c'est donc faire assez son devoir que de se servir autant que l'on peut de cette sorte de reméde envers les errans; & si on ne peut pas les convertir par cette voie, on s'en peut laver les mains, se disculper hautement

ment devant Dieu de la dannation de ces gens-là, & lui remettre toute cette affaire. Que si outre les instructions & les raisons, nôtre esprit nous suggeroit quelque expédient qui nous parût propre à guérir un homme de son héresie, que faudroit-il faire? Je répons que si cét expédient étoit une chose indifferente en elle-même, & qui au pis aller ne pourroit faire du mal, il faudroit en faire l'essai; mais si c'étoit une chose tres-mauvaise, & tres-capable de porter au crime celui pour qui on l'emploieroit, je soutiens qu'il y a un fort-grand mal à s'en servir. Or telles sont les Loix qui condannent à de grosses peines ceux qui ne changeront pas de Réligion; car on ne peut pas nïer qu'ôter à un homme le patrimoine de ses ancêtres, & les biens qu'il a légitimement gagnez à la süeur de son front ne soit un vol, & qu'un Prince qui feroit cela, qui par éxemple s'en s'en iroit à une foire & feroit enlever toutes les marchandises qu'il y trouveroit, seulement parce que tel seroit son bon plaisir, ne devint coupable de vol; ce n'est donc point une action indifferente de sa nature, ôter à quelcun son bien & sa liberté, & l'envoier en éxil : c'est nécessairement un crime si on le fait à un innocent, & l'on m'avoüera, je m'asseure, que si toutes les Loix qui ont été faites contre les Donatistes, avoient été faites contre une Secte de Philosophes, qui croiant tout ce que l'Eglise croit, pour ce qui regarde la foi & les mœurs, auroit eu cette opinion particuliere, que l'objet de la Logique ne sont pas des êtres réels, mais des êtres de raison; on m'avoüera, dis-je, que ces Loix publiées contre ces pauvres Philosophes, bons Citoiens d'ailleurs & bons Chrétiens, auroient été non seulement ridicules, mais tres-criminelles & tiranniques:

par conſéquent la médecine dont parle S. Auguſtin n'eſt pas une action indifferente de ſa nature, & tout ce que l'on en peut dire de mieux, c'eſt que de mauvaiſe & criminelle qu'elle ſeroit, ſi on ne la dirigeoit pas au bien de la Réligion, elle devient tres-bonne y étant heureuſement dirigée. Il eſt clair d'autre côté que c'eſt une tentation tres-perilleuſe, & qu'il eſt moralement impoſſible que pluſieurs n'en ſoient entrainez au péché contre la conſience; c'eſt donc une choſe qui a les 2 caractêres qui la doivent néceſſairement exclurre de l'emploi des converſions; elle eſt criminelle avant qu'on l'emploie pour la Réligion, & ceux qui veulent l'emploier la trouvent dans la claſſe du vol, du brigandage, de la tirannie, avant qu'ils s'en ſervent: & de plus elle eſt un piége tres-propre à faire tomber le malade d'un moindre mal à un plus-grand. J'ai montré ail-

ailleurs * l'éfroiable précipice où tombent ceux qui prétendent qu'une chose qui seroit un péché, si elle n'étoit pas emploiée au bien de la Rêligion, devient une bonne œuvre par un tel emploi; Ainsi je n'y insiste plus.

VI

Paroles de S. Augustin.

Si on se contentoit de lever la verge sur eux & qu'on ne travaillât point à les instruire, nôtre conduite paroîtroit tirannique; mais aussi si on se contentoit de les instruire sans les presser par la crainte, ils ne surmonteroient pas un certain engourdissement que produit l'acoûtumance.

REPONSE.

On avoüera à S. Augustin que joindre l'instruction à la menace est un moindre mal que de menacer & de fraper sans ofrir de l'in-

* dans le Ch. 4. de la 1 Part.

l'inſtruction ; mais on s'en tiendra, juſques à ce que ces Meſſieurs y répondent, s'ils peuvent, à ce que l'on a établi dans le Ch. 1 & 2 de la 2 Partie de ce Commentaire, & qui revient à ceci, 1. que c'eſt mettre un homme dans un tres-mauvais état de diſcerner les bonnes raiſons d'avec les fauſſes, que de le remplir de la crainte des châtimens temporels, & de l'eſpérance des avantages de la terre. 2. que joindre l'inſtruction à la menace de telle ſorte, que ſi au bout d'un certain tems les perſonnes, que l'on a voulu inſtruire, déclarent qu'elles perſiſtent dans leurs prémiers ſentimens, on éxécute ſur elles à la rigueur tout ce dont on les a menacées, eſt une conduite qui montre qu'on a une intention directe quoi qu'un peu plus-éloignée de violenter la conſience, & de la plonger dans l'hipocriſie : Or cela ruïne abſolument tout le merite que l'on voudroit ſupoſer dans ce mélange d'inſtruction & de violence. Il eſt certain que ce qui s'eſt fait en France, où tout à la fois les Dragons & les Miſſionnaires joüoient leur jeu, les uns en ſaccageant les maiſons, les autres en prêchant la controverſe, étoit une bigarrure qui ſentoit plus le théatre ou les ſpectacles du Carnaval, qu'une action de gens ſenſez.

VII

Paroles de S. Augustin.

Tous ceux qui nous épargnent ne ſont pas pour cela nos amis, ni tous ceux qui nous châtient nos ennemis: Les bleſſures qu'un ami nous fait * valent mieux que les careſſes affectées d'un ennemi. *La ſévérité de ceux qui nous aiment nous eſt plus-ſalutaire que la douceur de ceux qui nous trompent, & c'eſt une plus-grande charité d'ôter le pain à un hom-*

* Proverb. 27. 6.

homme, quelque faim qu'il ait, si quand il a dequoi manger, il néglige les devoirs de la justice, que de lui en donner & de lui en faire un appas pour le faire consentir à l'iniquité.

REPONSE.

AUtre lieu commun, & petite pensée populaire. Tout le monde a oüi parler de la difference du flateur & de l'ami. Un ami ne craint point de dire à son ami des véritez desagréables, de le censurer fortement, de le contredire pour son bien, & de resister à ses apetits d'une façon importune, au lieu qu'un flateur aplaudit à tout, & pousse ainsi son homme dans le précipice. Tout cela est bien remarqué, & l'on a raison d'en conclurre que ceux qui nous aiment nous sont quelquefois plus-rudes que ceux qui ne nous aiment pas. Mais il faut bien se garder de tirer cette maxime de sa place. On peut, je je l'avouë, la transporter dans la Réligion, étant certain qu'un Pasteur qui a un véritable zéle pour le salut de ses brebis, les censure fortement, & au lieu de les flater dans leurs vices, les gourmande & les harcele pour tâcher de les corriger, ce que ne fait pas un lâche & indifferent Pasteur resigné à la dannation éternelle de son troupeau, tant il est mou à lui représenter le préjudice qu'aportent les mauvaises mœurs. Mais si un Pasteur vouloit faire la même chose à l'égard des étrangers par raport aux dogmes, je ne sai pas s'il feroit aussi bien qu'en s'y prenant avec des manieres de civilité; car c'est assez l'ordinaire qu'on aigrit plûtôt ses adversaires par l'emportement qu'on leur témoigne, qu'on ne les détermine à quitter leurs opinions. Quoi qu'il en soit de cela, toûjours est-il seur qu'il n'y a point de conséquence des censures fortes aux peines que les Loix

Loix infligent. Les censures sont permises entre amis & ennemis, & ainsi chacun s'en peut servir quand il croit que l'ocasion en est bonne; mais le vol & les voies de fait ne sont pas dans ce même genre ; il n'est point permis de s'en servir ni contre ses amis ni contre ses ennemis, ni directement ni indirectement. Nous ne pouvons ni ôter nous-mêmes son bien à nôtre prochain, ni pousser un autre à le faire, ni aprouver ceux qui le font; encore moins devons-nous le chasser de sa maison & de sa patrie, ou le faire faire par d'autres, & ainsi quelque permis qu'il nous soit de nous oposer rudement aux plaisirs illicites de nos amis, il ne s'ensuit pas que nous puissions prier le Prince de les dépouiller de leurs biens, de les emprisonner, de les banir, & si le Prince le fait, nous sommes obligez en consience de considérer cela comme un éxercice abusif du pouvoir

voir que Dieu lui a conféré ; car enfin j'en reviens toûjours là, ſi la confiſcation des biens d'un particulier étoit une uſurpation injuſte en cas qu'il fût Orthodoxe, & ſi elle devient une action tres-juſte par cela ſeulement qu'il ne l'eſt point, il s'enſuit qu'une même action devient d'un péché une vertu, par cela ſeulement qu'elle eſt faite pour les interêts de la Réligion, ce qui eſt la ruïne de toute la Morale & de toute la Réligion naturelle, comme je crois l'avoir démontré. Il n'y a donc pas moien de ſoutenir que les éxils, les priſons, les confiſcations & ſemblables peines ſoient auſſi permiſes à cauſe de l'utilité que l'on s'en promet, que les cenſures, & le manque de complaiſance.

Ce que S. Auguſtin ajoûte, qu'il vaut mieux en certaines circonſtances ôter le pain à un homme que lui en donner, eſt une maniere de métaphore

taphore qui ne peut pas être un argument fort-démonstratif; car en 1. lieu il faut y aporter cette restriction, qu'il y auroit plus de crime à laisser mourir un homme de faim qu'à lui en donner aprés qu'on auroit éprouvé sa perséverance dans le mal. Il n'est point permis de laisser mourir un homme quelque déréglé qu'il soit dans ses mœurs, & ainsi ce seroit un crime si on avoit du pain à lui donner & qu'on le laissât expirer faute d'aliment. Aussi n'est-ce point la pensée de S. Augustin : il veut dire que si l'abondance est une ocasion à l'homme de faire du mal, il vaut mieux lui ôter cette abondance que de la lui procurer. Mais il reste cette difficulté. Qui est-ce qui lui ôtera cette abondance? Ce ne seront pas les Particuliers, car il ne leur est point permis de se saisir des biens d'un homme prodigue & débauché. Sera-ce le Souverain; mais je ne vois

pas

pas que ce ſoit l'uſage: on ne s'aviſe pas de mettre à l'amende ni en priſon, ni d'envoier en éxil ceux qui font des dépenſes ſuperfluës; & quand même on le feroit, comme je croi qu'on le peut faire pour le bien de la police, il ne s'enſuit pas que l'on ait le même droit ſur les opinions, que ſur les actions; car les opinions ne préjudicient point comme les actions à la proſperité, à la force, & à la tranquilité de la République.

VIII

Paroles de S. Augustin.

Lïer un phrénétique & reveiller un léthargique, c'eſt les fâcher, mais c'eſt les aimer. Dieu nous aime d'un amour plus véritable que perſonne ne ſauroit faire, cependant il ne ceſſe point de joindre aux douceurs de ſes inſtructions les terreurs ſalutaires de ſes menaces, & nous voions qu'il a éxercé par la famine les plus réligieux Patriarches, &c.

REPONSE.

S. Augustin nous donne toûjours le change ; il ne s'agit pas tant de savoir si on peut aimer ceux que l'on châtie, (qui en doute) que de savoir s'il est juste d'ôter à un hommes ses biens & sa liberté, parce qu'il ne croit pas les mêmes choses dans la Réligion que son Prince. D'ailleurs l'éxemple de son phrénétique & léthargique, qu'il nous propose encore une fois, ne fait rien à la question, on aime ces gens-là quoi qu'on leur fasse des choses que l'on sait qui les fâcheront, & on ne se régle pas sur ce qui leur plaît, parce qu'on sait que pour leur être profitable on n'a pas besoin de leur consentement ; mais si on savoit que quoi qu'on leur fit rien ne leur seroit profitable, & que tout leur seroit nuisible à moins qu'ils n'y consentissent & qu'ils ne l'agréassent, ce seroit non pas une amitié, mais une insi-

insigne crüauté de les lïer ou éveiller en dépit qu'ils en eussent. Cela ruïne de fonds en comble les petites comparaisons de S. Augustin. Emprisonnez un Héretique, inondez ses maisons de Soldats, chargez-le de chaînes, vous ne ferez rien pour son salut si son entendement n'est éclairé, s'il n'aquiesce interieurement à vos désirs. Or comme il est malaisé de croire que les Convertisseurs soient ignorans jusques au point de se figurer que les prisons, & la misére illuminent un homme, & lui donnent un grand goût pour la Réligion de ses persécuteurs, il est bien difficile de se persuader que ces gens-là agissent autrement que par vanité, brutalité, & avarice. Quant aux punitions que Dieu déploie sur ses enfans, elles ne concluent rien pour S. Augustin: Dieu qui est aussi bien le moteur que le scrutateur des cœurs peut faire valoir ses châtimens à la conversion in-

interieure; mais comme il ne nous a jamais promis d'acompagner de ſa grace la perſécution que nous ferions aux Héretiques, c'eſt non ſeulement une témérité & une tentation inſigne de Dieu, d'affliger de mille peines temporelles un Héretique à deſſein de le convertir, mais c'eſt encore une eſpece d'impiété de propoſer aux Princes l'éxemple de Dieu à ces égards-là. Les Convertiſſeurs ſeroient-ils bien aiſes que comme Dieu a éxercé par la famine les Patriarches; le Roi Tres-Chrétien éxerçât de la même maniere ſon Clergé, & lui ôtât ſes grands revenus, le reduiſant au pain & à l'eau afin qu'il ſe convertit. Choſe pitoiable! On ſe moqueroit de nous ſi en cas que le Roi de France s'emparât de tous les biens d'Egliſe, nous diſions que c'eſt une marque de ſon amitié pour le Clergé, & qu'il ne le châtie de la ſorte qu'afin de l'obliger à

vivre

vivre Chrétiennement. On croiroit que nous insulterions aux misérables, cependant nous raisonnerions tout comme S. Augustin. Autre chose pitoiable : il n'y a que les opinions pour le changement desquelles on nous dise qu'il faut mettre à l'amende les gens ; mais on ne nous cite pas des Loix & on ne peut pas citer aucune Croisade *Dragonne* instituée pour la conversion des mœurs. Honte & oprobre du Christianisme qu'on tirannise les gens pour des opinions, & qu'on y emploie le bras séculier, au lieu qu'on se contente de prêcher contre le vice ; car il est inoüi qu'il y ait eu des convertisseurs de mœurs qui aient poursuivi des Arrêts contre le luxe, la médisance, le jeu, la fornication, les discours impudiques, &c. & qui aient demandé des gens de guerre pour faire changer de vie aux Catholiques.

IX

PAROLES DE S. AUGUSTIN.

Vous croiez qu'on ne doit contraindre personne à bien faire; mais n'avez-vous pas vû que le Pére de famille commanda à ses gens de forcer d'entrer au festin tous ceux qu'ils rencontreroient? N'avez-vous pas vû avec quelle violence Saul fût forcé par J.C. de reconnoître & d'embrasser la vérité? . . Ne savez-vous pas que les Bergers se servent quelquefois de la verge pour faire rentrer les brebis dans la Bergerie? Ne savez-vous pas que Sara, selon le pouvoir qui lui avoit été donné, domptoit par un traitement plein de dureté l'esprit revéche de sa servante, non par aucune haine qu'elle eût pour Agar, puis qu'elle l'aimoit jusqu'à vouloir qu'Abraham la fit devenir mére, mais pour abatre son orgueil. Or vous n'ignorez pas que comme Sara & son fils Isâc sont la figure des spirituëls, Agar & son fils Ismaël représentent les charnels. Cependant quoi que l'Ecriture nous

nous aprenne que Sara fit beaucoup soufrïr Agar & Ismaël, S. Paul n'a pas laissé de dire que c'étoit Ismaël qui persécutoit Isâc, donnant à entendre à ceux qui ont de l'intelligence qu'encore que l'Eglise Catholique tâche de raméner les charnels par les peines temporelles, ce sont eux qui la persécutent plûtôt qu'elle ne les persécute.

REPONSE.

On peut considérer 4 choses dans ce Discours. 1. Les paroles de la Parabole *Contrain-les d'entrer*. 2. La violence que J. C. fit à S. Paul, lui ôtant les yeux & le renversant par terre. 3. Ce que font quelquefois les bergers. 4. Ce que fit Sara contre sa servante Agar. J'ai assez parlé dans mon Commentaire de la 1. des 4 choses. La 2. s'entend de reste par ce que j'ai dit ci-dessus, que Dieu étant le moteur aussi-bien que le scrutateur des cœurs, acompagne quand il lui plaît de l'efficace de sa grace les châtimens qu'il nous envoie. Il a trouvé à propos de ſignaler la puiſſance de ſon bras dans la converſion de Saul; il s'eſt aparu à lui, il l'a renverſé par terre, en un mot il a conquis cette ame à main forte & à bras étendu. Mais s'enſuit-il que les hommes doivent imiter cela quand ils veulent convertir un Perſécuteur. Qu'ils le faſſent à la bonne heure, pourvû qu'ils puiſſent auſſibien que Dieu fléchir le cœur en même tems qu'ils ſeviſſent ſur le corps; mais comme ils ne ſont pas en cette paſſe, ils ne doivent pas ſe méler d'un point auſſi délicat. Les punitions entre les mains de Dieu lui-même ne produiſent pas toûjours la converſion du pécheur, elles ne ſervirent qu'à l'endurciſſement de Pharaon, quoi que Dieu les déploiât d'une facon la plus-extraordinaire qui ſe puiſſe; celles qu'il diſpenſe à l'ordinaire ſoit par le moien des hommes, ſoit par le

moien

moien des autres Etres créez réüssissent fort-differenment ; il est fort-rare qu'elles changent les opinions que l'on a sur le culte dû à Dieu, elles font plûtôt que les honnêtes gens s'imaginent qu'ils doivent à l'avenir avoir plus de zéle pour leur Réligion ; c'est pourquoi dans cette grande aparence qu'il y a que les peines temporelles ne persuaderont pas à un homme qu'il est dans une fausse Réligion, mais plûtôt qu'il n'est pas assez zélé pour sa Réligion, il n'est rien de plus-absurde que de proposer aux Princes la conduite que Dieu tient en châtiant ses enfans pour leur profit Outre que si une fois on s'arrête à cét éxemple il s'ensuivra que les Rois devront de tems en tems faire mettre le feu aux bleds, aux foins, aux vignes & aux bois de leurs sujets, & envoier des Satellites par tout leur Roiaume pour décimer tous les enfans, & pour envoier plusieurs péres aux mines & aux Galéres; car comme Dieu se sert des fleaux de la peste, & de la famine, pour témoigner son affection à ses enfans, en les châtiant afin qu'ils s'amendent, les Rois, ses Lieutenans en Terre, du conseil de leur Clergé pourroient faire tout ce que j'ai dit dans leurs Etats par l'amour qu'ils auroient pour leurs sujets, & dans la pensée qu'ils rentreroient en eux-mêmes, & qu'ils se reveilleroient de la léthargie du péché où ils s'endorment. Si les Rois faisoient cela, ne trouveroient-ils pas leur justification toute faite dans S. Augustin, & dans l'éxemple des Empereurs qui ont acablé de Loix pénales les Sectaires, non pas, dit-on, par haine qu'ils eussent pour eux, mais plûtôt par charité, afin qu'ils se convertissent. On voit donc que cette doctrine de S. Augustin jouë à faire tourner en ridicule toute la Morale, puis qu'elle fournit

des

des expédiens pour la justification des actions les plus-criminelles & les plus-extravagantes.

L'éxemple des Bergers, qui poussent quelquefois avec la verge les brebis dans la Bergerie, n'est pas plus-heureusement imaginé que celui du phrénétique, car il faudroit que l'autre partie de la comparaison ne fussent pas des créatures doüées de liberté, dont la conversion dépend essentiellement & totalement du consentement. On nous alégue la contrainte que l'on fait à des brebis pour les sauver des mains du larron & de la gueule du loup ; un berger qui voit qu'elles refusent d'entrer dans la bergerie, ou qu'elles ne se hâtent pas assez, fait sagement de les pousser ou du pié ou de la houlette, & de les traîner même si besoin est : pourquoi cette conduite est-elle sage ? parce qu'elle remplit tous les devoirs & tout le but que se propose un Berger. Il ne ſe propoſe que de garantir la brebis de la gueule du loup, ou de quelque autre péril externe, & pourvû qu'il la mette dans la Bergerie, voila qui eſt fait, la voila à ſauveté, ſoit qu'elle ſoit entrée de gré, ou de force. Mais il n'en va pas de même d'un Paſteur des ames; il ne les ſauve pas des mains du Demon, il ne les guérit pas des bleſſures de l'héreſie en tranſportant l'Héretique dans une maiſon qu'on apelle Nôtre Dame, S. Pierre, S. Paul, &c. ou en lui verſant ſur le viſage quelques goutes d'eau benite. Ce n'eſt pas de-là que dépendent ſes deſtinées; il faut qu'il connoiſſe ſes erreurs, qu'il veuille les abjurer, & embraſſer la ſaine doctrine: moiennant cela il eſt recous de la griffe du Demon; mais ſans cela on le traîneroit la corde au cou mille fois au pié des Autels, on lui fourreroit cent hoſties dans la bouche par force, on lui tiendroit

droit cent fois la main pour lui faire écrire qu'il abjure, on l'obligeroit cent fois, à force de lui ſerrer les pouces ou de le tenailler, à dire qu'il croit ce que l'Egliſe croit & qu'il renonce à Luther & à Calvin, il demeure nonobſtant cela dans le piége s'il y étoit auparavant, & qui pis eſt d'Orthodoxe qu'il étoit ſelon moi, il devient perfide, hipocrite, & l'eſclave du Diable juſques à ce que Dieu le reléve de ſa chute. C'eſt un prodige qu'il y ait dans l'Egliſe Romaine tant de gens qui ne voient pas l'abſurdité monſtrüeuſe de toutes ces comparaiſons.

Donnons leur en une qui les oblige à mieux ſonger à ce qu'ils diſent. Si je voiois devant la porte d'une maiſon un homme qui ſe mouillât pendant une groſſe pluie, & qu'aiant pitié de lui je vouluſſe le délivrer de l'incommodité où je le verrois, je me pourrois ſervir de ces

ces 2 moiens, ou de le prier d'entrer dans la maiſon, ou de le prendre par le bras, ſi j'étois plus-fort que lui, & de le pouſſer dedans. Ces 2 manieres ſont également bonnes pour obtenir l'éfet que je me propoſerois, qui ſeroit d'empêcher que cét homme ne ſe mouillât; peu importe qu'il entre de gré ou de force ſous un toit, car ſoit qu'il y entre de ſon pur mouvement, ſoit qu'il attende qu'on l'en prie, ſoit qu'on l'y pouſſe de vive force, il eſt également à couvert de la pluie. S'il en alloit de même quant à éviter l'Enfer, j'avouë que nos Convertiſſeurs ſeroient bien fondez; car s'il ſuffiſoit pour cela d'être ſous les voutes d'une Egliſe, peu importeroit qu'on y entrât de bon gré, ou que l'on y fût traîné pieds & poings liez, & ainſi il faudroit gager les plus-forts manœuvres, ou portefaix qui ſoient au monde pour ſaiſir les Héretiques dés qu'ils ſe montreroient

roient à la ruë, & les charrier sur le cou dans l'Eglise la plus-prochaine, voire même il faudroit enfoncer leurs portes avec des petards, si le cas y échéoit, & les aller tirer du lit pour les transporter vitement dans quelque Eglise; mais par malheur pour M^rs. les Convertisseurs ils n'ont pas l'esprit assez de travers, ni assez extravagant, pour dire qu'il ne faille que cela afin de sauver une ame : ils avoüent que son consentement au transport d'une communion à une autre est si nécessaire que sans cela on ne fait rien pour son salut. Cela étant, n'est-il pas absurde de nous comparer la violence qu'on fait à des gens que l'on tire du feu, ou de l'eau, lesquels on prend sans scrupule par les cheveux pour les arracher du péril, avec la contrainte qu'on fait à un Calviniste en lui mettant la dague au cou, ou 100 Dragons dans sa maison pour le forcer à abjurer sa créance; cela dis-je est du

 der-

dernier abſurde, puis que non ſeulement c'eſt une choſe qui ſe ſupoſe d'elle-même, qu'un homme qui tombe dans le feu ou dans l'eau ne demande pas mieux que d'en être retiré à quelque prix que ce ſoit, mais auſſi que ce péril eſt d'une telle nature, qu'il n'eſt pas néceſſaire, pour en préſerver quelcun, qu'il conſente d'en être tiré; on l'en préſerve également quand même on l'en tireroit malgré lui.

Mais pour faire voir l'impertinence de ceux qui prétendent, qu'on leur a de l'obligation lors qu'on eſt arraché par force du ſein de la Communion où l'on eſt né, que l'on croit bonne, & que les Convertiſſeurs croient mauvaiſe; je les prie de ſe figurer un homme à qui ſon Confeſſeur a ordonné par pénitence de ſouffrir la pluie pendant 2 heures devant une porte. Si le maître du logis, non content d'avoir exhorté cét homme à entrer chez lui

lui, le faiſoit prendre à quatre par ſes valets & le tiroit de la pluie, lui feroit-il du bien ou du plaiſir? Il eſt clair que non, & qu'il lui rendroit un méchant ofice, parce qu'il traverſeroit ſa dévotion. *Invitum qui ſervat idem facit occidenti.* Il en va de même de ces violens Convertiſſeurs qui arrachent les gens des éxercices de leur piété. J'ai quelque peine à croire que les malheureuſes maximes de ces bourreaux de conſience ne ſoient venuës de cette baſſe & ridicule prévention, que pour obtenir grace de Dieu il faut être immatriculé préciſement dans une certaine Communion, & qu'il ne faut que cela. Aprés quoi ils agiſſent avec les Héretiques comme avec des bêtes qu'on veut garentir de la pluie, & pour leſquelles c'eſt tout un par raport à cette fin, ſoit qu'elles aillent d'elles-mêmes à l'étable, ſoit qu'on les y pouſſe à coups de bâtons.

Pour ce qui eſt de la penſée de S. Auguſtin ſur Sara & ſur Agar ſa ſervante, elle n'eſt propre qu'à expoſer l'Ecriture à la moquerie des profanes; car enfin ſi Sara eſt le tipe des enfans de Dieu, & Agar le tipe des enfans du monde de la maniere que l'entend S. Auguſtin, que s'en ſuivra-t-il ſinon que les enfans de Dieu contraignent les gens du monde à s'en aller chercher des retraites dans les deſerts, ne pouvant reſiſter à la dureté du traitement, & néanmoins que ce ſeront les gens du monde qui perſécuteront les enfans de Dieu? Y eût-il jamais de Comédie plus Comique que le ſeroit cela? Je ne dis rien de la mépriſe aſſez étonnante de S. Auguſtin lors qu'il prétend, pour trouver ſon mariage de la charité & de la perſécution, que Sara traitoit Agar d'une maniere fort-dure, dans le même tems qu'elle l'aimoit aſſez tendrement pour vouloir qu'elle par-

partageât la couche de ſon mari. Ce n'eſt pas ainſi que l'Ecriture ajuſte ces choſes, elle ne nous parle de la mauvaiſe humeur de Sara pour Agar qu'aprés que celle-ci ſe voiant enceinte s'enorgueillit & mépriſa l'autre.

X

PAROLES DE S. AUGUSTIN.

Les bons & les méchans font & ſouffrent ſouvent les mêmes choſes, & ce n'eſt ni par ce qu'ils font, ni par ce qu'ils ſouffrent qu'il faut juger de ce qu'ils font, mais par le motif qui les fait agir ou ſouffrir. Pharaon abatoit le peuple de Dieu par de travaux acablans. Moïſe de ſon côté puniſſoit l'impiété du même peuple par des peines tres-ſévéres. Les actions de l'un & de l'autre ſe reſſembloient, mais leurs fins étoient bien differentes: l'un étoit un Tiran enflé de ſon pouvoir, & l'autre un pére plein de charité. Jeſabel fit mourir les Prophétes, & Elie les faux-Pro-

Prophétes, mais ce qui arma la main de l'un & de l'autre n'est pas moins different que ce qui atira la mort aux uns & aux autres. Dans le même livre où nous voions S. Paul batu par les Juifs, nous voions aussi le Juif Sosthene batu pour S. Paul par les Grecs; les uns & les autres sont semblables par le déhors de l'action, mais ils sont bien differens par le motif. On livre S. Paul à un Géolier pour lui mettre les fers aux pieds, & S. Paul lui-même livre l'incestüeux de Corinthe à Satan dont la crüauté est bien autre que celle des Géoliers les plus-barbares, mais il ne livre cét homme à Satan qu'afin que sa chair étant mortifiée, son ame fût sauvée. Quand le même S. Paul livra Philetus & Himeneus à Satan pour leur aprendre à ne pas blasphémer, il ne cherchoit pas à rendre le mal pour le mal, mais il jugeoit que c'étoit un bien que de guérir le mal pour le mal.

REPONSE.

CE ſont encore de ces raiſonnetes bonnes à débiter devant une troupe d'ignorans incapables de voir en quoi une comparaiſon cloche. S. Auguſtin ſe tourmente à prouver ce qu'on ne lui nïe pas, c'eſt qu'une même action eſt bonne ou mauvaiſe ſelon la diverſité des circonſtances. Qu'un Prince puniſſe ſévérement une Province ſéditieuſe, & qu'il n'ait pour but que de l'empêcher à l'avenir de ſe mutiner, c'eſt une action de justice ; mais c'en ſeroit une de crüauté & d'avarice que de châtier rigoureuſement une faute tres-légere d'une Province dans la vûë que cette ſévérité diſproportionnée la feroit ſoulever, & qu'alors on auroit un prétexte ſpécieux d'en reduire tous les habitans à la beſace. J'avouë donc à S. Auguſtin que Moïſe puniſſant les Iſraëlites faiſoit bien, & que

que Pharaon les oprimant faisoit mal ; difference qui ne procedoit pas seulement de ce que Moïse se proposoit l'amendement de ce peuple, & Pharao sa ruïne, mais aussi de ce que ce peuple étoit châtié sans cause raisonnable par Pharaon & non pas par Moïse. Mais pour démonter tout d'un coup les comparaisons de S. Augustin, il n'y a qu'à dire qu'il y met d'une part certaines actions violentes qui procédoient de haine, ou de quelque autre injuste passion, & de l'autre certaines actions qui incommodoient à la vérité le prochain, mais qui étoient commandées de Dieu par révélation spéciale, & par conséquent qui s'exploitoient dans des circonstances, où l'agent étoit assuré qu'elles produiroient un bon effet. Je parle de Moïse, d'Elie, & de S. Paul. C'étoient des Prophétes, qui connoissoient par des ordres immédiats de Dieu qu'il faloit procéder par la

voie

voie des châtimens, & alors il eſt juſte d'emploier la ſévérité, parce qu'il n'y a point lieu de douter que Dieu, qui l'ordonne, n'ait deſſein de s'en ſervir à ſa gloire d'une façon ſpéciale. On eſt donc certain & de la juſtice de l'action, & de l'oportunité des circonſtances, & du bon ſuccés. Peut-on dire la même choſe des perſécutions de Théodoſe contre les Arriens, ou d'Honorius contre les Donatiſtes? Etoit-on aſſuré que Dieu beniroit ces violences, & qu'il s'en ſerviroit comme d'un inſtrument éficace de l'illumination des errans, & de l'amoliſſement de leur cœur? Il eſt certain que perſonne n'en avoit aucune aſſurance, & que les conjectures pouvoient auſſi-tôt porter ſur la confirmation des errans dans leur erreur, ou ſur leur converſion feinte, que ſur leur changement réel, & ainſi c'étoit une témérité tres-injuſte que de ſe ſervir de la violence dans une telle ſitüa-

ſitüation d'affaires. Pour ce qui eſt des Grecs batans Soſthene, je ne ſai pas ce que S. Auguſtin en veut inferer, puis que c'étoit une action de gens atroupez, qui ſans reſpecter ni le Proconſul là-préſent, ni le lieu où ils étoient, ſe rüerent tumultüairement ſur le Chef de la Sinagogüe.

J'ai encore une remarque en main qui démontera tous ces argumens de S. Auguſtin. Il eſt clair que toute la force de ſes preuves conſiſte dans cette ſupoſition ; que lors qu'on maltraite les Héretiques afin de les convertir, on agit par un principe de charité, motif qui change de telle ſorte la nature de ces mauvais traitemens, qu'ils deviennent une bonne action, au lieu qu'ils ſeroient un crime, ſi on les faiſoit par orgueil, par haine, ou par avarice. Il eſt clair auſſi que la raiſon qui fait trouver-là un motif de charité ne peut être que celle-ci ou une aprochante,

chante, c'eſt qu'on regarde ces mauvais traitemens comme tres-propres à faire penſer un homme à ſon inſtruction, & à la recherche du vrai chemin de ſalut. C'eſt donc ici le raiſonnement de S. Auguſtin.

Maltraiter ſon prochain par un principe de charité eſt une bonne œuvre.

Or c'eſt le maltraiter par un principe de charité que de lui faire de mauvais traitemens qui l'obligent à s'inſtruire & à guérir les maladies de ſon ame.

Donc c'eſt faire une bonne œuvre que de lui faire cette ſorte de mauvais traitement.

C'eſt un Sophiſme de Morale le plus-dangereux & le plus-abſurde en même tems qui ſe puiſſe voir, car par-là je juſtifierois les actions les plus-éxécrables. Si je voiois mon prochain enflé d'orgueil, & nourri dans ſa vanité par ſes richeſſes, & par l'eſtime qu'on feroit de ſa perſonne;

ſonne, je pourrois tâcher de l'apauvrir & de le ruïner de reputation; pour cela je pourrois mettre le feu dans ſa maiſon, & publier mille calomnies contre lui; & ſi un particulier ne le pouvoit pas, le Souverain le pourroit, comme S. Auguſtin prétend qu'il peut apauvrir un Héretique afin de le reveiller de ſon aſſoupiſſement. Un Souverain, dis-je, pourroit faire ruïner cét homme ſuperbe par ſes ſoldats, & ſe faire préſenter de fauſſes acuſations contre lui, ſur leſquelles il le déclareroit déchû de nobleſſe, & convaincu de faits infamans. Si quelcun ſe plaignoit de ces mauvais traitemens, nous lui dirions, ſelon la tablature de S. Auguſtin, qu'à la vérité ils ſeroient injuſtes s'ils n'étoient pas faits par un motif de charité, mais que n'étant faits que pour retirer un homme de la dannation, où ſa vanité, fondée ſur ſon opulence & ſur ſa gloire, le précipitoit, ils étoient

toient fort-justes. Je ne demande de mon Lecteur, sinon qu'il compare tranquillement & meurement l'effet que doivent produire sur un Héretique les prisons, les amendes, les chicanes, les amertumes continüelles de la vie pour l'obliger à renoncer de cœur & de bouche à ses opinions, avec l'effet que devroit produire sur cét homme la ruïne de son bien & de sa reputation, & je suis persuadé qu'on m'avoüera, que si les traitemens sus-mentionnez sont capables de changer l'ame d'un Héretique, les autres le sont de changer cét homme orgueilleux, & par conséquent on pourra le ruïner d'honneur & de biens par un principe de charité (selon la *mineure* de mon Syllogisme,) ce qui sera une bonne action par la *majeure* de ce même Syllogisme. C'est donc un Sophisme qui pourroit justifier les actions les plus éxécrables, ce qu'il faloit prouver.

Plus on éxamine la chose, plus on

on découvre l'illuſion où a été le bon S. Auguſtin. Il s'eſt imaginé que comme les choſes, qui ont été laiſſées abſolument à nôtre diſpoſition, deviennent bonnes ou mauvaiſes ſelon le motif que l'on a en les faiſant, celles qui nous ont été expreſſément commandées, ou défenduës, ſont ſujettes à la même alternative, en vertu de nos differens motifs; mais comme il s'enſuivroit de-là que le vol, le meurtre, le parjure, l'adultere, ne ſeroient point des crimes lors qu'on les pratiqueroit dans la vûë d'humilier ſon prochain, & de le porter à la repentance, ou en général par un motif de charité, il s'enſuit évidemment qu'il faut diſtinguer entre les actions d'obligation, & celles qui ſont laiſſées à nôtre choix. C'eſt une choſe d'obligation que de s'abſtenir du bien & de la reputation d'autrui, de ne point faire de faux ſermens, de ne point ſeduire ni la fem-

femme ni la fille de ſon prochain, de ne le point batre, injurier, ni inſulter, ainſi quelque avantage qu'il pût tirer des injures que nous lui ferions, ou des coups que nous lui donnerions, &c., quelque avantage dis-je, qu'il pût tirer de cela par raport à ſon ſalut, il ne nous eſt point permis de le traiter en cette maniere. Dieu n'éxige point que nous travaillions au ſalut de nos fréres en deſobéïſſant actuëllement à ſes ordres, & nous devons laiſſer à ſa providence, s'il le trouve à propos, de les guérir par les maladies, la pauvreté, & l'infamie, de l'abus qu'ils font de leur bonne fortune. Tout cela fait voir que c'eſt une grande illuſion que cette prétenduë charité, qui porte à faire du mal à ſon prochain afin qu'il ſe corrige, & par conſéquent que les Souverains s'abuſent groſſierement lors qu'ils ruïnent leurs ſujets, qu'ils les éxilent, empriſonnent, & ſoumettent à mille chagrins & perpléxitez ſous prétexte de les obliger à ſe faire inſtruire. Donc une apologie des perſécutions bâtie ſur ce méchant fondement ne peut ſubſiſter.

Il n'y a qu'un cas, autant que je me le puis figurer, où l'on ſe puiſſe diſpenſer des préceptes du Décalogue par l'eſpérance du profit ſpirituel que l'on fera à ſes fréres, c'eſt lors qu'on ſe ſent orné de la vertu Prophétique, du don des miracles, & conduit extraordinairement & immédiatement par l'eſprit de Dieu. Alors on peut tüer un homme comme S Pierre fit mourir Ananias avec Saphira ſa femme, on peut l'eſtropier, le couvrir d'ulceres, faire échoüer des vaiſſeaux où il a ſes marchandiſes, &c.; car comme je l'ai déja dit, on le fait par un ordre exprés de Dieu qui par l'éminence ſuprême de ſa Nature eſt au deſſus de tout, & par ſa qualité de ſcrutateur des reins & des cœurs, connoît l'aptitude & la congruïté des circonſtances & des actions corporelles avec les infléxions & les modifications de nos ames, ſi bien que l'on ne ſauroit douter du bon ſuccez de ces démarches violentes & douloureuſes. C'eſt pour cela que S. Paul aſſure poſitivement qu'il ne livre à Satan l'inceſtüeux de Corinthe qu'afin de ſauver ſon ame, & Himenée & Philete qu'afin de leur aprendre à ne plus blaſphémer. Mais que de petits particuliers, qui ſont renfermez dans la ſphére des connoiſſances humaines, & qui ne ſavent quel effet fera la pauvreté & la douleur ſur l'ame d'un Héretique, s'ingerent de fouler aux pieds la défenſe de dérober, & de batre ſon prochain, ſous ce beau prétexte que pour s'éxemter de la faim, & de la peine, il éxaminera ſes erreurs, & les connoîtra, c'eſt aſſurement la plus-ridicule prétention du monde.

Remarquez bien encore, que Moïse punissant les Israëlites avoit à faire à des gens qui n'étoient point dans l'erreur de bonne foi ; car ils savoient bien que les actions pour lesquelles ils souffroient étoient mauvaises. S. Paul pareillement n'excommunioit pas des gens qui crussent avoir bien fait. L'incestüeux de Corinthe n'étoit pas assez fou pour soutenir que l'inceste fût une action commandée ou permise de Jesus-Chrit ; & pour ce qui est d'Himenée & de Philete, l'Apôtre assure qu'ils avoient rejetté non seulement la foi mais aussi la bonne consience, & par conséquent ils n'erroient pas de bonne foi, comme ceux que les Princes s'ingerent de persécuter à l'instigation abominable des Prêtres, & des Moines.

Je voudrois enfin que l'on remarquât encore une fois ce que j'ai

dit

dit en d'autres endroits de ce Commentaire, c'est que les hommes aiant reçû de Dieu une régle de ce qu'ils doivent faire, ne peuvent point s'en écarter pour imiter ce que Dieu fait ou par les causes naturelles, ou par des gens qu'il revêt extraordinairement de la vertu des miracles. Par éxemple Dieu se servira des tempêtes, & des tremblemens de terre, des infections de l'air, de la grêle, des brouillards, des sauterelles, &c. pour punir les habitans de quelque païs, & pour les porter à la repentance, ou bien il commettra un Moïse pour leur faire de semblables plaïes. S'ensuit-il de cela que les Rois ou aucun autre homme doivent faire brûler la récolte, gâter les fontaines, & introduire autant qu'ils peuvent la stérilité & la mauvaise santé dans un païs dont les habitans sont méchans, & impénitens? Autre éxemple. Dieu mit une écharde en la chair à ſon Apôtre, il permit qu'un Ange de Satan l'inquiétât, & cela pour le bien de ſon ſerviteur, & ſachant tres-certainement que ſa vertu s'acompliroit en l'infirmité de cét Apôtre. Avons-nous droit d'imiter cela envers ceux que nous voions s'enorgueillir pour les talens ſublimes que Dieu leur a concedez ? Y a-t-il un Roi au monde qui voiant un fameux Docteur dans ſon Roiaume, aplaudi pour ſa ſcience, pour ſon éloquence, pour ſes bonnes mœurs, ait droit de lui ſuſciter une écharde pour l'humilier ou pour le mortifier, comme ſeroit de ſuborner des faux-témoins qui le fiſſent flétrir dans quelque juriſdiction ſubalterne, ou de lui faire donner un breuvage qui lui affoiblit l'eſprit & le corps? Nous ne doutons point que par une faveur ſpéciale de Dieu, il n'y ait des femmes qui à leur avenement au monde ont la dure mortification de perdre tou-

te

te leur beauté par la petite vérole. Dieu qui les aime, & qui sait qu'elles abuseroient de cette beauté, & que la privation de cét avantage les attachera plus fermement aux choses solides du siécle à venir, les enlaidit fort-justement & par grace. Les Rois peuvent-ils imiter cela? & quand ils voient une Dame fiere de sa beauté, entrainant les hommes & entrainée par eux dans les filets de la volupté, peut-il sans crime dépouiller cette femme de ses charmes naturels? peut-il suborner quelcun qui lui déchiquete la peau du visage, peut-il lui envoier une boîte qui en s'ouvrant allume un feu d'artifice caché qui gâte pour jamais le visage de cette personne? peut il aposter un Médecin qui lui fasse avaler une poudre laquelle lui cause une maladie de langueur, une jaunisse affreuse, une maigreur, & une odeur dégoutante? On voit clairement que non, & que ce Prince se rendroit visiblement ridicule s'il coloroit cette conduite de ce beau motif de charité, savoir qu'il vouloit garentir cette belle femme des périls où son ame étoit exposée, & la porter à renoncer à la vanité, & aux plaisirs sensüels pour ne l'occuper que des pensées d'enhaut. Il y a mille fois plus d'apparence qu'en enlaidissant une femme, & en lui causant une maladie de langueur, on mortifieroit sa vanité, & on la porteroit à se convertir, que non pas qu'en envoiant cent Dragons chez un Huguenot on le mettra dans le chemin de se bien convaincre qu'il est Héretique, & d'embrasser sincerement la foi Romaine. Cependant on siffleroit un Prince ou ses Directeurs de consience, qui s'aviseroient de convertir ainsi les Dames, & on ne laisse pas d'aplaudir à ceux qui prétendent convertir comme cela les Protestans.

Je conclus cét article par cette remar-

remarque, qu'il n'y a rien de plus vain que la distinction que nous donne ici S. Augustin entre des coups de bâton, des saccagemens de biens, & autres violences faites par motif de charité, & celles qu'on fait sans charité. La véritable charité c'est d'obéïr à Dieu qui nous défend le vol, & les bateries, & avec cette distinction on pourroit innocenment mettre le feu à toutes les villes, & faire perir une partie des grains, toûjours en disant qu'on a pour but d'humilier ses sujets, qui ne songent pas assez à Dieu dans l'abondance.

XI

Paroles de S. Augustin.

Si c'étoit toûjours un mérite que d'être persécuté, Jesus-Christ se seroit contenté de dire heureux ceux qui soufrent persécution, *& il n'auroit pas ajoûté*, pour la justice. *De même si c'étoit toûjours un mal*

mal que de persécuter, David n'auroit pas dit, je persécutois ceux qui calomnient secrétement leur prochain (*Pseau*. 101. *v*. 5.)

REPONSE.

J'ai de la peine à croire ce que je voi, c'est que S. Augustin se serve si mal des passages de l'Ecriture. Qui lui nïe que le vrai mérite des persécutions ne dépende de ce qu'on les souffre pour la justice? Qui doute qu'un homme vain qui aimeroit mieux se laisser manger, que d'avoüer qu'il a tort, & qui convaincu dans son cœur de sa mauvaise cause ne laisse pas de la soutenir, parce qu'il aspire à la reputation d'homme ferme; qui doute, dis-je, qu'un tel homme ne perde tout le fruit des maux qu'il endure, & ne soit dans un tres-méchant état. A quoi s'amuse donc ce Pére de refuter une objection si peu raisonnable. Tout homme de bon sens est

eſt perſuadé que pour être heureux dans ſa perſécution, il faut l'endurer pour l'atachement que l'on a pour la vérité, & pour la juſtice, ce qu'on peut fort-bien faire lors que l'on eſt dans l'erreur de bonne foi. Mais quelque méchant que puiſſe être celui qui ſe fait perſécuter parce qu'étant fort-têtu & orgueilleux, il ne veut pas avoüer aux perſécuteurs que leur cauſe eſt bonne, il eſt toûjours vrai pour le moins que ceux-ci ſont injuſtes & méchans. Voici donc une diſtinction un peu meilleure que celle que S. Auguſtin nous donnoit tantôt. Il ſe peut faire que le perſécuté ne vaille rien, mais le perſécuteur eſt toûjours * injuſte; car le paſſage de David alégué pour faire voir qu'il y a de bons perſécuteurs, ne prouve rien dans ce

 fait-

* Remarquez qu'ici & en quelques autres ocaſions peut-être, il faut prendre les choſes ſans aucun égard à l'opinion particuliere touchant la conſience errante & diſculpante.

fait-ci, où il ne s'agit que des persécutions de Réligion. David montre dans ce Pseaume qu'il ne veut avoir aucune liaison avec les méchans, & il nomme en particulier cette peste de la société digne de l'éxécration de tous les honnêtes gens, savoir ces langues envénimées qui médisent traîtreusement de leur prochain. Si David parle comme Roi, il ne peut rien dire de plus-sage & de plus-divin que de déclarer qu'il emploie la majesté des Loix, & le glaive que Dieu lui a mis en main pour le châtiment de ces lâches calomniateurs, & de ces empoisonneurs fainéans. S'il parle pour nous donner une idée de ce que doit faire l'honnête homme, il veut nous aprendre à n'avoir point de liaison & de commerce avec les médisans. Mais que fait cela pour autoriser les Convertisseurs qui ne laissent ni mourir ni vivre en repos des gens bons citoiens quant au reste,

reste, & qui seulement ont certaines opinions differentes des leurs. En un mot S. Augustin songeoit-il à ce qu'il disoit de nous aléguer la peine qu'un Roi fait souffrir à des calomniateurs, & des délateurs, lors qu'il faloit donner des éxemples des peines infligées simplement & purement pour des dogmes.

XII

Paroles de S. Augustin.

Les méchans n'ont jamais cessé de persécuter les bons, ni les bons de persécuter les méchans; mais ceux-ci agissent en cela injustement, & pour nuire, & ceux-là charitablement & autant que la nécessité de corriger le demande . . . . Comme des impies ont fait mourir des Prophétes, des Prophêtes ont fait mourir des impies: comme on a vû les Juifs les foüets à la main contre J. C. on a vû Jesus C. le foüet à la main contre les Juifs. Les hommes ont livré des Apôtres aux Puissances sécu-

séculieres, & les Apôtres des hommes aux Puissances infernales. A quoi faut-il donc prendre garde dans tous ces éxemples, sinon qui des uns ou des autres agit pour la vérité ou pour l'iniquité, pour nuire ou pour corriger?

REPONSE.

VOici bien la plus-détestable Morale pour ses conséquences qu'on vit jamais; car pourvû que vous fassiez les choses en faveur d'une opinion véritable, & que vous n'aiez dessein que de corriger vôtre prochain, il vous sera permis quant au reste d'imiter la conduite des méchans, & au lieu que ceux-ci pécheront, vous ferez une action céleste. Ainsi représentons nous deux personnes, l'une Orthodoxe, l'autre Hétérodoxe. La prémiere voit un grand Seigneur dans l'autre parti, fort-zélé pour cette cause, & l'apuiant de son grand bien, de son autorité, de son esprit.

La

La 2. voit un ſemblable Seigneur dans le parti Orthodoxe. La premiere s'aviſe de ruïner ce grand Seigneur, & de lui ſuſciter tant de fâcheuſes affaires, que courant riſque de ſon honneur auſſi-bien que de ſes richeſſes, il ne peut ſonger aux interêts du parti, mais au domeſtique ſeulement. Du reſte cette perſonne n'a point deſſein de faire du mal à ce grand Seigneur, elle ne veut que l'empêcher de nuire, & que le porter à ſe convertir. Voila une action à canoniſer, ou du moins tres-innocente ſi on en juge ſur les principes de S. Auguſtin. N'importe que l'on ait ruïné cét homme, en mettant le feu la nuit dans ſes granges, ſes moulins, & ſes châteaux, en empoiſonnant ſes beſtiaux, & en lui ſuſcitant des procez qu'on lui a fait perdre: Tout cela eſt bon, pourvû qu'on n'ait eu deſſein que de le porter à ſe faire inſtruire, & a quitter ſes erreurs.

Mais

Mais ſi l'autre perſonne agiſſoit de cette maniere envers le grand Seigneur Orthodoxe, ce ſeroit un monſtre & un ſélerat. Pourquoi? Eſt-ce parce qu'il auroit commis des actions contraires au Décalogue? Non, mais parce qu'il auroit fait cela à deſſein de nuire à l'Orthodoxie & à ſon prochain Orthodoxe. Sans que je le ſpécifie on voit bien que c'eſt ici la confirmation de ce que j'ai tant preſſé contre le ſens literal au Ch. 4 de la 1 Partie, c'eſt qu'il renverſe cette ſainte & fondamentale barriere que Dieu à miſe entre le vice & la vertu, & qu'il ne nous laiſſe pour tout caractère de la vertu que l'utilité de ceux qui ſuivent certaines opinions, & pour tout caractère du vice, que leur dommage. Je ne voudrois pas acuſer S. Auguſtin d'avoir vû cette conſéquence; mais elle eſt enfermée dans ces paroles *à quoi faut il prendre garde dans tous ces exem-*

éxemples (c'eſt-à-dire de meurtres, de coups de fouët, de captivitez) *ſinon qui des uns ou des autres agit pour la vérité ou pour l'iniquité, pour nuire ou pour corriger?*

On ne peut ici s'empêcher de ſe ſouvenir des maximes de la Morale relâchée que la Cour de Rome a condannées ſous le préſent Pontificat; car la diſtinction de S. Auguſtin n'eſt guere meilleure que celle de ces méchans Caſuïſtes. Ils diſent. 1. *Que l'on peut ſans péché mortel s'affliger de la vie de quelcun, pourvû qu'on le faſſe avec dûë moderation, & ſe rejouïr même de ſa mort naturelle, la demander & la déſirer par un ſouhait qui n'a point d'effet, pourvû que ce ne ſoit pas parce que ſa perſonne nous deplaît, mais pour quelque profit temporel qui nous en doit revenir.* 2. *Qu'il eſt permis de déſirer la mort de ſon pére par un ſouhait abſolu, non pas comme un mal de ſon pére, mais en tant que c'eſt un bien pour celui qui la ſouhaite, parce qu'il doit recueillir une riche*

che succession. 3. *Qu'il est permis à un fils de se rejouïr du parricide qu'il a commis étant ivre dans la personne de son pére, à cause des grandes richesses qu'il a trouvées dans son hérédité.* On voit que ces Casuïstes font une si grande difference entre deux hommes qui se rejouïssent de la mort de leur pére, ou même qui le tüent étant ivres, que l'un est innocent, pourvû qu'il n'ait point cette joie par aucun motif de haine contre son pére, mais par l'affection qu'il se porte, & que l'autre est tres-coupable lors qu'il fonde cette joie sur le mal qui en avient à son pére. Cela est-il beaucoup pire que la difference que S. Augustin met entre deux Perséсuteurs dont l'un donne cent coups de bâton à son prochain pour lui faire du mal, & l'autre lui en donne autant, non pas pour lui faire du mal, mais pour le corriger? Ne faudroit-il pas pour raisonner conséquenment dire aussi, que

que de deux hommes dont l'un tüeroit ſon prochain par un motif de haine, & l'autre afin de le délivrer de la pauvreté, celui-là pécheroit, & celui-ci ne pécheroit point? Ou pour éviter toute chicane en nous ſervant d'un autre éxemple, ne faudroit-il pas dire que de deux hommes dont l'un tüeroit ſon prochain parce que ſa perſonne lui déplairoit, & l'autre parce que le voiant en état de grace aprés s'être bien confeſſé & communié, il conſidéreroit que mourant en cét état il iroit en Paradis, & que vivant davantage il retomberoit dans le péché & y pourroit mourir; ne faudroit-il pas dire, dis-je, que le prémier de ces 2 hommes ſeroit coupable & le dernier innocent, & ainſi ce ſeroit une bonne action & fort-charitable à un Prêtre, d'aſſommer ſon pénitent peu aprés l'abſolution & la Communion, pourvû qu'il ne le fit pas par rancune & par ven-

vengeance, mais afin de lui assurer sa prédestination en le délivrant des tentations du péché, où il pourroit succomber à l'avenir sans s'en relever par la pénitence. Sur ce principe une nourrice ou une servante qui étoufferoit autant d'enfans qu'elle pourroit, non pas qu'ils lui déplussent, mais pour les envoier à coup seur dans le Paradis, dans cét âge où ils n'ont pas encore perdu le bénéfice du batême, feroit une bonne action, & ainsi la distinction de S. Augustin bouleverse toute la Morale, & fait devenir tout le Décalogue le jouët de nos distinctions, de nos intentions, & de nos caprices.

Voila deux enfans qui souhaitent la mort de leur pére, ils sont donc criminels. Je nïe la conséquence, pourra dire qui voudra apuié sur la distinction de S. Augustin, car l'un d'eux souhaite la mort de son pére, parce que ce pére est un pilier de l'Orl'Orthodoxie, ou parce qu'il déplaît à ſon fils ; celui-là eſt criminel: mais l'autre la ſouhaite parce que ſon pére favoriſe l'héreſie, ou parce qu'il aime mieux que ſon pére jouïſſe de la félicité du Paradis que de la vie préſente incomparablement moins heureuſe que celle-là, celui-ci eſt fort-innocent.

Voila 2 hommes qui tüent chacun un paſſant, ils ſont donc coupables. Attendez dira qui voudra ſur le même fondement, n'allons pas ſi vite ; il faut voir ſi l'un a tüé pour la vérité ou pour l'iniquité, pour nuire ou pour profiter. Car ſi l'un a tüé un paſſant adverſaire de la vérité, ou pour le délivrer tout d'un coup d'une maladie qui l'auroit fait languir pluſieurs années, il a fort bien fait ; mais ſi l'autre a tüé un paſſant promoteur de la ſaine doctrine, ou par quelque inimitié, il eſt criminel.

Deux hommes ont dérôbé une

ſomme

ſomme conſidérable, ils ſont donc des voleurs qu'il faut châtier. Je nïe la conſéquence, pourra-t-on encore dire, il faut diſtinguer; car s'ils ont tous deux ôté cette ſomme à des Orthodoxes qui emploient leurs biens à la manutention de leur parti, ou par l'envie de chagriner celui à qui ils ont ôté cét argent, on avouë qu'ils ſont puniſſables; mais s'ils l'ont ôté à des Héretiques qui alloient en paier le Procureur ou l'Avocat de la cauſe, dans un procez que ce Procureur & cét Avocat auroient laiſſé perdre, ne ſe voiant point paiez de leur ſalaire, ils ont fait une bonne œuvre, comme auſſi s'ils ont fait cela non pas par aucune mauvaiſe volonté qu'ils portaſſent au poſſeſſeur: mais au-contraire pour le ſoulager de ſon fardeau, ou parce qu'ils eſpéroient qu'étant moins riche il feroit moins de dépenſes ſuperfluës, & ſe corrigeroit de ſa vanité.

On

On peut éluder ainſi tous les devoirs que la Loi de Dieu nous impoſe, & avant que de pouvoir dire, qu'un homme ſurpris en flagrant délit avec une femme eſt criminel, il faudra ſavoir s'il a fait cela non pas pour ſatisfaire ſes ſens, mais pour ſoulager cette femme d'une paſſion importune, ou d'une incommodité de continence, ou pour aider le mari à ſoutenir les fonctions trop peſantes de ſon emploi auprés d'une telle femme; car s'il ſe trouvoit qu'il eût fait cela non pas pour nuire à cette femme ou à ſon mari, ou par ſensüalité: mais pour corriger quelque intemperie, & pour le profit commun des mariez, il feroit une action de charité fort-Chrétienne.

N'eſt-il pas étrange que M^rs. les Convertiſſeurs, qui voient ſi évidenment l'abſurdité abominable de ces conſéquences & leur liaiſon néceſſaire avec leurs principes, ne laiſ-

ſent

ſent pas de nous venir dire éternellement, que batre, emprisonner, piller, & véxer un pauvre Chrétien eſt une bonne œuvre, pourvû qu'on le faſſe non pas par haine pour ſa perſonne, mais pour le corriger de ſes erreurs? Avoüez donc, leur dirai-je, que toutes autres actions contraires au Décalogue ſeront bonnes contre une Coquete, & un riche voluptüeux, ſaiſir leurs équipages, & leurs revenus, leur ôter leurs beaux habits & leurs pierreries, leur écorcher ou déchiqueter le viſage, les énerver & alangourir par quelque médicament, pourvû que cela ſe faſſe par un motif de charité, ou ce qui eſt la méme choſe ici, afin de les corriger de leurs mauvaiſes habitudes.

Je pourrois remarquer le peu d'éxactitude de S. Auguſtin, en ce qu'il ſe ſert du terme vague de nuire & de corriger pour marquer le caractêre qui diſtingue les méchans per-

persécuteurs d'avec les bons. Car que veut-il dire par-là ? Veut-il dire que les bons persécuteurs ne persécutent qu'afin de porter ceux qui errent à l'abjuration de leurs erreurs, au lieu que les méchans persécuteurs ne se proposent que de ruïner, & de tourmenter leur prochain : Ou veut-il dire que les bons persécuteurs ne châtient qu'avec beaucoup de modération, au lieu que les méchans font mourir ceux qu'ils persécutent. S'il entend le 1. sens il s'ensuivra selon lui que les Héretiques qui persécutent les Orthodoxes ne le font point pour les porter à changer de sentiment & à abjurer ce qui paroît à ces Héretiques une grande & capitale fausseté. Or cela est manifestement faux ; car pour ne pas dire que les Païens eux-mêmes faisoient cesser toutes sortes de procedures violentes pour ceux qui faisoient semblant de renoncer à la foi Juifve, ou Chrétientienne, ne ſait-on pas que les Ariens, & tous ceux en général que l'Egliſe Romaine traite d'Hérétiques, n'ont jamais éxercé de violence ſur les autres Sectes que pour les engager à embraſſer la leur ? S'il entend le 2. ſens il ſe trompe auſſi, puis que non ſeulement il y a de ces perſécuteurs qu'il apelle bons, c'eſt-à-dire qu'il croit Orthodoxes, qui font mourir : mais auſſi que les perſécuteurs Hétérodoxes ſe contentent bien ſouvent de peines auſſi modérées que le ſont celles de l'autre claſſe de perſécuteurs. Je ne vois donc que ce ſeul ſens de raiſonnable dans les paroles de S. Auguſtin, c'eſt que les perſécuteurs Hétérodoxes aiant toûjours pour but d'attirer les gens dans le parti de l'erreur, & les Orthodoxes de les attirer dans le parti de la vérité, ceux-ci ne cherchent que le profit & ceux-là que le dommage de ceux qu'ils perſécutent. Mais c'eſt toûjours

jours tres-mal caractériser les choses, puis que c'est s'arrêter principalement à ce qui ne leur est qu'accidentel ; ce n'est que par accident que les persécuteurs qui errent nuisent, & que ceux qui sont Orthodoxes peuvent profiter ; les uns & les autres ont également en vûë de délivrer leur prochain de ce qu'ils croient mauvais, & de l'instruire de ce qu'ils croient la vérité. Il ne faut donc pas dire que les prémiers aient dessein de nuire, car leur but est au-contraire de délivrer de l'Enfer, & s'il arrive qu'en faisant changer de sentiment un Orthodoxe, ils le mettent dans le chemin de l'Enfer, c'est par accident & contre leur intention. Les uns donc sont égaux aux autres quant à l'intention, & si quelquefois le succés des Orthodoxes est meilleur c'est par accident, & le plus-souvent il ne se termine qu'à empirer les choses, qu'à l'hipocrisie, & qu'au péché contre la consience. Ainsi à proprement parler le caractêre que propose S. Augustin pour le discernement des bonnes & des mauvaises persécutions, ne se reduira qu'à ceci, c'est que les persécuteurs Orthodoxes persécutent pour l'Orthodoxie, & les Hétérodoxes, pour l'Hétérodoxie, ce qui est une Tautologie ridicule qui ne sert de rien pour faire connoître ce qu'on cherche.

XIII

Paroles de S. Augustin.

Mais, dites-vous, on ne trouve point dans l'Evangile ni dans les écrits des Apôtres qu'ils aient jamais eu recours aux Rois de la Terre contre les ennemis de l'Eglise. Il est vrai, mais c'est parce que cette Prophétie, Ecoutez, Rois de la Terre, instruisez-vous vous qui jugez les peuples & servez le Seigneur avec crainte, *n'étoit pas encore accomplie, &c.*

RE-

REPONSE.

Cét endroit de S. Augustin, & son Nabuchodonosor, tipe de l'Eglise Chrétienne persécutée, entant qu'il ordonne d'adorer son idole, & de la même Eglise persécutante, entant qu'il ordonne de punir ceux qui blasphémeroient contre le Dieu des Hébreux, est à peu prés la même chose que ce que disent les Canonistes, que si les prémiers Chrétiens n'ont pas pris les armes contre les Païens, c'est qu'ils étoient trop foibles pour l'entreprendre. Il est certain que S. Augustin nous insinuë clairement, que si Tibére eût embrassé le Christianisme, les Apôtres auroient été tout droit à lui pour lui demander des Edits de contrainte & de véxation tels que ceux d'Honorius envers la Secte des Donatistes: & il faudroit renoncer au sens commun pour prétendre que les Apôtres en ce cas-là n'auroient

 point

point proportionné la rigueur des ordonnances à la résistance qu'ils auroient trouvée; car il est absurde de supposer qu'il est selon l'esprit de l'Evangile d'emploier les confiscations, les bannissemens, la soldatesque, les coups de bâton, les prisons & les galéres: mais non pas le dernier suplice, lors que l'opiniâtreté du malade demande un reméde plus-violent. Je ne repete point ce que j'ai déja assez pressé contre l'inégalité de conduite qu'on atribuë au fils de Dieu lors qu'on prétend, que son intention a été qu'on ne violentât personne qu'aprés un certain tems. Qu'on voie ce que j'en ai dit vers la fin du 5 Chap. de la 1 Partie, & on verra que ce seroit justement l'original du Pape Boniface VIII, dont on a dit qu'il s'insinüa en rénard afin de régner en lion, *intravit ut vulpes, regnavit ut leo.*

XIV PA-

XIV

Paroles de S. Augustin.

Comme il se peut faire que parmi ceux d'entre les Chrétiens même qui se sont laissez séduire, il y ait des brebis de Jesus-Christ, qui tout égarées qu'elles sont doivent tôt ou tard rentrer dans la Bergerie, c'est pour cela qu'on tempére la sévérité dont on use à leur égard, & qu'on garde toute la douceur, & toute la moderation possible dans les pertes & les banissemens qu'on est obligé de leur faire souffrir pour les faire rentrer en eux-mêmes.

REPONSE.

VOila comme parle cét Auteur n'aiant à faire que l'Apologie de certaines Loix, qui ne portoient pas les choses à l'extrémité contre les Donatistes. S'il avoit plû aux Empereurs de les condanner à la mort il n'auroit pas manqué de tenir un autre langage, & d'inventer d'aussi plausibles excuses. Et en effet, comme je l'ai amplement prouvé dans le Chap. 3. de la 2 Partie, dés qu'on supose qu'il est permis de violenter, il n'y a plus d'autre régle du plus & du moins que les circonstances des tems, des lieux & des personnes, & il arrivera tout aussitôt qu'on péchera pour n'avoir pas porté les peines jusques au dernier suplice, que pour ne s'être pas contenté d'une moindre sévérité. Ce que dit ici S. Augustin de ces brebis égarées qui doivent revenir tôt ou tard dans la bergerie n'y fait rien; car si elles ont besoin des amandes, & des prisons, des éxils, & de telles autres peines pour rentrer en elles-mêmes & pour s'instruire, il n'y a point de doute que la crainte de la mort leur seroit encore plus-utile.

X V

Paroles de S. Augustin.

Il n'y a personne parmi nous non plus que

que parmi vous (Donatiſtes) *qui n'aprouve les Loix des Empereurs contre les Sacrifices des Païens, cependant celles-là portent des peines bien plus-ſévéres, & puniſſent de mort ceux qui commettent ces impiétez, au lieu que dans celles qu'on a faites contre vous, on a ſongé à vous tirer de l'erreur, plûtôt qu'à punir vôtre crime.*

REPONSE.

IL ſeroit difficile de conter toutes les fautes de jugement que l'on découvre dans ces paroles ; ſouvenons-nous que S. Auguſtin avoit dit peu auparavant, 1. Que les bons perſécuteurs different des méchans en ce que ceux-là ſe tiennent dans les juſtes bornes, ceux-ci s'abandonnent à leur fureur ; ceux-là ne voulant que guérir prennent garde à ce qu'ils coupent, ceux-ci ne voulant que tüer ne regardent point où ils frapent ; ceux-là n'en veulent qu'à la gangréne, ceux-ci en veulent à la vie. 2. Qu'encore que les Prophétes aient fait mourir des impies, comme des impies ont fait mourir des Prophétes, & que Nabuchodonosor, tipe des divers tems de la Réligion Chrétienne, nous montre que sous les Rois fidéles les Chrêtiens doivent faire souffrir aux impies ce que ceux-ci ont fait souffrir aux Chrétiens sous les Rois Infidéles, néanmoins on tempére la sévérité, & on garde toute la modération possible, à cause *qu'il se peut faire* QUE PARMI CEUX D'ENTRE LES CHRETIENS MEME *qui se sont laissez séduire il y ait des prédestinez.* Souvenons-nous, dis-je, de cela & voions comment S. Augustin le peut ajuster avec ce qu'il dit ici, que tous les Chrétiens aprouvent les Loix qui punissent de mort les Païens qui éxerçoient leur Réligion.

En 1. lieu que deviendra cette marque distinctive des méchans persécuſécuteurs, qu'ils en veulent à la vie, qu'ils ne prenent point garde à ce qu'ils coupent, & cette autre marque distinctive des bons perſécuteurs, qu'ils ne veulent que guérir, qu'ils n'en veulent qu'à la gangréne; que deviendront, dis-je, ces marques de diſcernement, ſi les bons perſécuteurs, les perſécuteurs aprouvez de S. Auguſtin & de tout le Corps des Chrétiens, font mourir ſans remiſſion les Sectateurs du Gentiliſme? En 2. lieu ſi la raiſon pour laquelle on ne remplit pas toute l'étenduë de la ſévérité préfigurée par Nabuchodonozor, tipe de l'Egliſe Chrétienne perſécutante, auſſi bien que de la perſécutée, eſt qu'il y a même parmi les Chrétiens, qui ſe ſont laiſſez entrainer dans le Schiſme ou dans l'Héréſie, des brebis qui reviendront tôt ou tard dans le bercail; ſi dis-je, c'eſt la raiſon qui fait qu'on tempére les châtimens, pourquoi ne faut-il pas les modérer envers les Païens? Eſt-ce qu'il ne peut pas y avoir parmi eux de ces ames prédeſtinées, de ces brebis que Dieu a données à ſon fils & qui ſe rangeront tôt ou tard dans la Bergerie? Mais ce ſeroit la plus-étrange doctrine qui fût jamais & qui diſpenſeroit les Miniſtres de l'Evangile de travailler à la conver-ſion des Infidéles; car dans le Siſtéme de la prédeſtination, que l'on atribuë à S. Auguſtin, ce n'eſt qu'à cauſe des élûs que l'on anonce l'Evangile au genre humain, & ainſi on ne l'anonceroit pas à un peuple ſi on étoit aſſuré, qu'il ne contenoit aucune ame prédeſtinée; il faut donc que le Paganiſme puiſſe avoir de ces ames-là, puiſque c'eſt à lui principalement que les Apôtres ont anoncé Jeſus-Chrit; Et qui ſommes-nous que la poſtérité des Païens qui crûrent à l'Evangile? Bien plus, S. Auguſtin reconnoît dans cette lettre, que les Loix des Empereurs Chré-

Chrétiens contre les Idolâtres avoient converti un grand nombre de Païens, & en convertiſſoient encore tous les jours.

Il ſemble, dira peut-être quelcun, que S. Auguſtin n'ait pû ſe ſervir de cette expreſſion; *il ſe peut faire que parmi ceux d'entre les Chrétiens même qui ſe ſont laiſſez ſéduire, il y ait des brebis de Jeſus-Chrit*, que pour marquer que les Chrétiens, qui ont abandonné l'Egliſe, ſont dans un état plus-funeſte que les Païens. C'eſt ce que prétendent ordinairement les Théologiens; ils veulent qu'un homme qui, aprés avoir connu & profeſſé la vérité, l'abandonne, ſoit plus-criminel que celui, qui ne l'aiant jamais connuë, ne l'a jamais auſſi profeſſée. C'eſt donc pour cela que S. Auguſtin met ſeulement au nombre des choſez qui ne ſont pas impoſſibles, qu'il y ait des élûs dans la Société des Schiſmatiques & des Héretiques, & qu'il ne dit pas que c'eſt une choſe tres-probable, tres-aparente, ou même certaine. Or ſi c'eſt une choſe tout au plus non impoſſible, il faut qu'il ait crû plus-aparent qu'il y avoit parmi les Païens des brebis qui ſeroient un jour dans la Bergerie, & que la particule *même*, dont-il s'eſt ſervi, ait eu raport à cela. Mais ce quelcun qui parleroit de la ſorte, ſubtiliſeroit trop. S. Auguſtin déclare lui-même peu aprés, qu'on regarde tous les Donatiſtes comme étant moins éloignez de l'Egliſe que les idolâtres, & que c'eſt ce qui fait qu'on les punit moins rigoureuſement. Laiſſant donc ces ſubtilitez, qui ne voit, que rien ne peut-être plus-éloigné de la juſteſſe du bon ſens, que de dire d'un côté ce que S. Auguſtin remarque touchant le caractêre des méchans perſécuteurs, & touchant la raiſon qui faiſoit modérer la peine des Donatiſtes, & d'aprouver de l'autre les Loix qui condannoient à la mort les

les Païens qui sacrifioient à leurs Dieux selon le rite immémorial de leurs ancêtres ?

Un * Auteur moderne aprés avoir raporté plusieurs passages de S. Augustin, qui montrent qu'il s'emploioit auprés des Puissances pour empêcher qu'on n'en vint jusques au dern · suplice contre les Sectaires, dit *qu'on ne lui sauroit refuser, sans injustice, la qualité du plus-humain & du plus-doux de tous les hommes.* Mais il est certain qu'on la lui peut refuser sans injustice, puis qu'il s'est déclaré l'aprobateur des meurtriers de ceux d'entre les Païens qui vouloient persévérer dans la Réligion de leurs péres. Je ne parle pas de l'aprobation qu'il a donnée à une infinité d'autres Loix, qui quoi qu'elles n'allassent pas jusqu'à l'effusion du sang, & à la mort, étoient néanmoins tres-dures, soumettant à l'infamie, au bannissement,

* Thomassin de l'unité de l'Eglise 1. Part. Ch. 1.

ment, aux confiſcations, & aux dégradations des priviléges de la Société. Mais je dois dire qu'il parloit peu conſéquenment, & qu'il n'y avoit aucune juſteſſe ni harmonie dans ſes principes. Mais encore valoit-il mieux qu'il fût coupable d'inconſéquence, que de pouſſer la crüauté juſques à éxiger que les Hérétiques fuſſent punis de mort non moins que les Païens. Quoi qu'il en ſoit, un des * Apologiſtes des Convertiſſeurs modernes a été aſſez mal adroit, & aſſez deſtitüé de bons avis pour publier, que toutes les maximes de douceur, touchant la converſion des gens, regardent les Païens, mais non pas les Chrétiens qui ont rompu l'union de l'Egliſe, & pour aléguer en même tems l'autorité de S. Auguſtin par raport à la contrainte qu'on emploie ſur les errans. Le pauvre homme n'a point vû que s'il a raiſon, S. Auguſtin ne ſait

* Le Sr. Brueys, Réponse aux Plaint.

ſait ce qu'il dit, & par conſéquent eſt un témoin à ſiffler en ces matieres; mais que ſi S. Auguſtin à raiſon, il eſt lui-même digne de toutes les hüées publiques. S. Auguſtin aprouve la violence, & à l'égard des Héretiques & à l'égard des Païens; mais à l'égard de ceux-ci juſques au dernier ſuplice, comme étant plus éloignez de l'Egliſe, au lieu qu'il veut, par cette même raiſon, que l'on ne maltraite pas les Héretiques juſques à les faire mourir, & au-contraire le S^r. Brueys prétend que l'Egliſe ne doit emploier que l'inſtruction envers les Païens, & qu'elle peut châtier les Héretiques comme des enfans rebelles, ſur qui elle a des droits & des prétentions infiniment plus que ſur les étrangers & les infidéles; ſans conter, ajoûte-t-il, que les Païens ne ſe tiennent éloignez de l'Egliſe que par l'incompréhenſibilité de ſes dogmes, au lieu que les Héretiques le font par averſion pour elle. C'eſt

C'eſt une étrange idée de douceur que celle que ſe forment les gens de Cléricature. Nous avons vû le P. Thomaſſin éxaltant la débonnaireté de S. Auguſtin comme quelque choſe de tranſcendant, parce qu'il ne vouloit pas que l'on trempât ſes mains dans le ſang des Donatiſtes, mais qu'on le chatiât bien d'ailleurs; & l'on ſait d'autre côté que S. * Bernard, qui paſſe pour la douceur même, aprouva le zéle d'une populace mutine qui ſe rüa ſur des Héretiques & les dépeça. *Approbamus zelum, ſed factum non ſuademus, quia fides ſuadenda eſt non imponenda.* Nous aprouvons leur zéle, dit-il, mais nous ne leur conſeillons pas d'en uſer ainſi, parce qu'il faut perſuader la foi, & non pas la commander. Ce bon Abbé connoiſſoit encore la vérité & la ſainteté de cette maxime, mais il ne laiſſoit pas de loüer le zéle de ceux qui la violoient

* Sermon. 66. in Cantic.

loient barbarement, & à peine a-t-il couché la maxime que comme s'il s'étoit trop avancé, il ſemble vouloir retirer ſa parole; car il dit tout d'un tenant, *quamquam melius proculdubio gladio coërcerentur, illius videlicet qui non ſine cauſa gladium portat, quàm in ſuum errorem multos trajicere permittantur*, *quoi que néanmoins, ſans doute, il vaudroit mieux les reprimer par le glaive de celui qui ne le porte pas ſans cauſe, que de ſoufrir qu'ils entrainent pluſieurs perſonnes dans leur erreur.* Il dit en un autre lieu * que le mieux eſt de vaincre les Héretiques par des raiſons: mais que ſi on ne le peut, il faut les chaſſer ou les enchaîner. Ne voila-t-il pas des gens bien fermes dans l'eſprit de la douceur & de l'équité? Mais étonnons-nous plus de ce qu'un Docteur nourri dans la Communion Romaine, & naturellement doux & benin, y a pû conſerver ces reſtes d'humanité, que de voir qu'il méle

* Serm. 64. in Cantic.

méle tant de duretez & d'injustices dans sa clémence. Un Auteur * moderne a touché comme il faut la clémence Ecclésiastique.

XVI

Paroles de S. Augustin.

Pour ce qui est de solliciter les Empereurs de faire des Loix contre les Schismatiques ou les Héretiques, ou de les faire éxécuter quand elles sont faites, vous vous souviendrez de la violence avec laquelle les autres Donatistes ont poussé, non seulement les Maximinastes, &c. & sur tout vous n'oublierez pas que dans la requête par où ils imploroient contre nous l'autorité de l'Empereur Julien, ils disent à ce Prince, qu'ils connoissoient pour un Apostat & un idolâtre, qu'il n'étoit touché que de la justice, & que nulle autre chose ne pouvoit rien sur lui.

RE-

* Nouvell. de la Republ. des Lettr. Fevr. 1686. art. de Mr. Maimb.

REPONSE.

CEci ne me regarde guéres, puis que ce n'eſt qu'un *argumentum ad hominem*, ou une recrimination. Les Donatiſtes auront fait toutes les irregularitez que l'on voudra, cela n'excuſera point celles des Catholiques; car il ne faut point pécher par éxemple. D'ailleurs comme je n'éxamine ici que la Théſe générale, & les raiſons que S. Auguſtin alégue pour la contrainte de conſience en général, je n'ai que faire de toutes ces retorſions, ou raiſons fondées ſur les repréſailles. Je dirai ſeulement que ſi je n'avois pas quelque eſpece d'engagement à ne point acuſer S. Auguſtin de mauvaiſe foi, j'aurois quelque peine à ne pas dire qu'il uſe ici non ſeulement de petits artifices de Rhétorique, mais auſſi de Sophiſtiquerie. Car comment nommer autrement ce qu'il dit que les Donatiſtes en don-

donnant à Julien les éloges qu'ils lui donnoient, ou mentoient d'une façon infame, ou reconnoiſſoient que l'Idolâtrie étoit une choſe juſte? Que cela eſt petit, & ſent la chicane! le ſens comun ne dicte-t-il pas, que ſi des Prêtres avoient dit dans une Requête au feu Roi, que S. M. n'écoutoit que la raiſon & la juſtice, ils n'auroient pas voulu dire pour cela que la Réligion Anglicane, dont le Roi faiſoit profeſſion, étoit juſte & vraie; mais ſeulement que quand il s'agiſſoit de terminer un procés, il n'avoit égard qu'au droit des parties ſans acception des perſonnes. L'Empereur Julien étoit ſi éxact de ce côté-là, & dans les autres vertus Morales, qu'il en pouvoit-être loüé dans une Requête, ſans que perſonne touchât à la corde de la Réligion, pour ſignifier que même dans ce point partilier il ne ſe laiſſoit frapper qu'à la vêritable lumiere de la juſtice. Si

S. Au-

S. Augustin eût vû les éloges que le Pape Gregoire le Grand a donnez à l'Empereur Phocas & à la Reine Brunehaud, il auroit peut-être promis de bon cœur aux Donatistes de ne leur reprocher jamais leur requête à Julien, pourvû qu'ils épargnassent le grand flateur S. Grégoire.

Une autre chicane du moins tres aparente de S. Augustin, la voici, c'est d'argumenter *à dicto simpliciter ad dictum secundum quid*. Ses Adversaires se plaignoient de ce qu'on recouroit contre eux à la puissance du bras séculier pour les oprimer par des Loix Impériales, & comme c'est assez la coûtume de faire des propositions universelles, ou du moins indefinies, pour peu qu'on prenne à cœur une chose, il ne faut point douter qu'ils ne dissent, que c'étoit mal fait dans des disputes de Réligion de recourir au Souverain, & qu'il ne faut pas que l'E-

glise

gliſe recoure-là. S. Auguſtin ſouhaitant de ruïner ce principe par l'abſurdité des conſéquences, prend la choſe au pied de la lettre & à toute rigueur ; & en infere qu'il n'y faut jamais recourir, non pas même dans les cauſes criminelles, ou pour terminer des procés de police Ecléſiaſtique ; de ſorte que comme les Donatiſtes y avoient recouru en cas pareil, il les acuſe de refuter eux-mêmes leur propre régle. Mais n'en déplaiſe à ce grand Evêque d'Hippone il prend à gauche ce coup-là ; car encore que ce ſoit recourir à de fort-mauvais moiens, que de demander à un Roi un Edit portant qu'un Evêque ou un Miniſtre, qui n'abjurera pas ſa croiance, ſera puni de telle ou de telle ſorte, il eſt fort-permis de demander à un Roi main forte pour empêcher qu'un homme ne s'empare des charges Ecléſiaſtiques, & ne les retienne par de méchans moiens ; ou s'il y a contestatestation sur cela qui ne se puisse terminer par les voies ordinaires, de demander au Prince qu'il fasse juger le different. En un mot il est permis de prier le Prince d'empêcher qu'un Evêque, ou criminel, ou suspect de crime, ne se dispense de justifier sa conduite.

XVII

Paroles de S. Augustin.

Vous voiez présentement, je m'assure, qu'il ne faut pas regarder si l'on force, mais à quoi l'on force, c'est-à dire si c'est au bien, ou au mal. Ce n'est pas que personne devienne bon par force: mais la crainte de ce qu'on ne veut point souffrir fait ouvrir les yeux à la vérité.

REPONSE.

ET moi je dis à mes Lecteurs, qu'ils voient présentement, je m'assure, qu'il ne faut pas regarder à quoi l'on force en cas de Réligion,

mais

mais ſi l'on force, & que dés-là que l'on force, on fait une tres-vilaine action, & tres-opoſée au genie de toute Réligion, & ſpécialement à l'Evangile. De plus S. Auguſtin étoit-il aſſez ſimple pour eſpérer que les Adverſaires qu'il avoit alors, & qu'il pourroit avoir dans la ſuite, ſe laiſſeroient tromper par ſon raiſonnement? le voici reduit en forme.

On ne fait mal quand on force que quand on force ceux qui ſont dans la vérité à paſſer dans l'erreur.

Or nous n'avons pas forcé ceux qui étoient dans la vérité à paſſer dans l'erreur; (car nous qui ſommes Orthodoxes vous avons forcez vous qui étiez Schiſmatiques, ou Hérétiques, à paſſer dans nôtre parti.)

Donc nous n'avons pas mal fait.

Et ce ſeroit vous ſeulement qui feriez mal ſi vous nous forciez.

N'eſt-ce point le Sophiſme qu'on apelle *petitio principii*, auquel en cette rencontre il n'y a point de meil-

leure

leure réponſe à faire, que de convertir la mineure de negative en affirmative, & de le conclurre directement contre celui qui s'en eſt ſervi. C'eſt à cét égard qu'on peut dire du Chriſtianiſme ce que Mr. de Meaux voudroit inferer de la ſupoſition des Proteſtans touchant la faillibilité de l'Egliſe, c'eſt *qu'il eſt aſſurément la plus-foible de toutes les Sociétez qui ſoient au monde, la plus-expoſée à d'irremédiables diviſions, la plus-abandonnée aux novateurs & aux factieux*; car ſi ceux qui ont la vérité de leur côté peuvent juſtement ſe ſervir de violence contre les autres Réligions, voila un droit qui ſera alégué par toutes les Sectes, & dont chacune ſe ſervira préciſement avec les mêmes excuſes que l'autre, ſans que jamais on y puiſſe aporter d'autre remède que la diſcuſſion du fond même des Controverſes; diſcuſſion qui épuiſeroit la vie de Methuſalem pour le moindre article. De ſorte

 que

que si dans l'impossibilité de se convaincre mutüellement on ne se reduit pas aux Loix communes de la société & de la Morale, c'est-à-dire à s'abstenir les uns envers les autres du vol, du meurtre, & de semblables voies de fait, le Christianisme ne peut être qu'un Théatre de fureur, & un train de guerre civile à quoi l'on ne sauroit trouver de reméde.

Quant à cette crainte qui fait ouvrir les yeux à la vérité, voiez nôtre Commentaire, au Chap. 1. de la 2 Partie.

XVIII

Paroles de S. Augustin.

Nous pouvons vous produire non seulement des particuliers, mais des villes entieres, qui de Donatistes qu'elles étoient autrefois, sont présentement Catholiques, & détestent le crime diabolique de leur ancienne séparation, & qui ne seroient point Catho-

Catholiques ſans ces Loix à qui vous en voulez.

REPONSE.

CE raiſonnement eſt ſi indigne d'être refuté dans un Commentaire Philoſophique, que j'aurois honte d'en montrer au long le foible ; & tout de bon S. Auguſtin me fait pitié avec l'ingenuité qu'il a euë, de confeſſer que ſes Collegues l'avoient fait revenir de ſon 1. ſentiment, le même que je ſoutiens, en lui montrant les utilitez de la contrainte. C'eſt ainſi qu'en France il y a des Eccléſiaſtiques & des Laïques crédules, qui croient que les infamies, qui ſe ſont pratiquées par les Dragons, ont été amplement rectifiées & légitimées par la conquête de tant de milliers d'ames qui ſe ſont réünies à la Papauté. Il faut que ces gens-là aient la vûë bien courte, puis qu'ils ne s'aperçoivent pas qu'ils raiſonnent ſur ce principe, pe, que tout ce, dont les ſuccés ſont heureux, eſt juſte ; d'où il s'enſuivra que la Réligion de Mahomet & ſa contrainte ſont juſtes, & qu'un Catholique Romain devra convenir que les Loix d'Edoüard & de la Reine Elizabeth étoient auſſi juſtes que celles de la Reine Marie, & qu'ainſi l'utilité étant la ſeule régle de la juſtice, les choſes les plus diamétralement opoſées ſont juſtes également.

Je ne fais point de refléxions ſur ce que S. Auguſtin raporte de ce que diſoient les Donatiſtes réünis touchant les cauſes qui les avoient empêchez de ſe réünir, & ſur la gratitude qu'ils témoignoient pour ceux qui avoient uſé de contrainte. Mr. Arnaud en a fait l'aplication aux Proteſtans de France qui avoient abjuré avant la Dragonnerie. Un * Auteur, que j'ai cité en un autre lieu, a éxaminé cela. Pour moi

* Suite de la Critique de Maimbourg.

moi je m'en déporte, parce que je ne me propoſe de refuter que les raiſons générales de la contrainte, & que celles-ci ſont particulieres aux Donatiſtes, & que dés qu'on voudra les apliquer à tous ceux qui cedent à la contrainte, on en fera de lieux communs qui ſe refuteront eux-mêmes, ſervant ici pour les bons perſécuteurs & là pour les méchans, & de joüet à ceux qui regardent les choſes ſans préjugé.

XIX

Devois-je empêcher qu'on ne confiſquât ce que vous apellez vos biens, pendant que vous proſcrivez impunement Jeſus-Chrit? qu'on ne vous ôtât la liberté d'en diſpoſer par teſtament ſelon le droit Romain, pendant que par vos acuſations calomnieuſes vous foulez aux pieds le teſtament que Dieu même a fait en faveur de nos péres, &c.

REPONSE.

S. Auguſtin pouſſe 7 ou 8 Antitheſes ou pointes ſemblables, qui pourront être aléguées par toute ſorte de perſécuteurs plus ou moins ; car chacun ſupoſe que le parti qu'il perſécute eſt ennemi de Dieu, de ſorte que ſi cette ſuppoſition ſuffit pour perſécuter, nous voila armez en tout tems les uns contre les autres, toûjours ſur les mêmes prétextes. Dire qu'il n'y a que ceux qui ſupoſent cela avec raiſon qui puiſſent perſécuter, ce n'eſt rien dire, parce qu'en atendant qu'on montre aux méchans perſécuteurs qu'ils ſe croient bien fondez & ne le ſont pas, ils perſécuteront toute leur vie, & ce ne ſera que diſputer ſur le fond, & non pas guérir l'horrible tempête qui oprimera ici la vraie Egliſe, là la fauſſe, & cauſera par tout cét entaſſement affreux d'inſolences, de crüautez, de ſacriléges, d'hipocriſies, dont chacun ſe peut

peut faire la peinture. Pour ne pas dire qu'on pourroit lancer toutes ces belles Antitheſes ſur les Catholiques qui vivent mal, ſur les médiſans, ſur les avares, ſur ceux qui vont tous les jours au Cabaret, &c. Si les Princes s'aviſoient de confiſquer tout leur patrimoine, ou de les empêcher de le laiſſer à leurs enfans, ne pourroit-on pas dire, *quoi vous trouvez étrange qu'on vous ôte la faculté de teſter, pendant que par vos mœurs déréglées vous ne tenez aucun conte du teſtament de vôtre pére céleſte.*

XX

Paroles de S. Augustin.

S'il ſe trouve des gens qui abuſent de ces Loix que les Empereurs ont faites contre vous (Donatiſtes,) *& qui s'en ſervent pour éxercer leurs haines particulieres au lieu de s'en ſervir comme d'un inſtrument de charité pour vous tirer de l'erreur, nous deſaprouvons leur procédé & nous le portons avec peine. Ce n'eſt pas que perſonne* *puisse dire qu'une chose lui apartient à moins qu'elle ne soit à lui ou par le droit divin, par lequel tout est aux justes, ou par le droit que les hommes ont établi, & qui dépend des Puissances temporelles; ainsi vous ne sauriez apeller vôtre ce que vous ne sauriez prétendre comme justes, & que d'ailleurs les Loix des Empereurs vous ôtent, & vous ne sauriez par consequent être reçûs à dire*, cela est à nous & nous l'avons aquis par nôtre travail, *puis qu'il est écrit* que les justes profiteront de ce que les méchans ont amassé. *Cependant lors qu'à la faveur de ces Loix on envahit ce que vous possedez, nous desaprouvons ce procédé, & il nous fait une peine extréme. Nous condannons de la même sorte tous ceux que l'avarice, plûtôt que la justice porte à vous enlever, ou le bien des pauvres, ou les lieux de vos assemblées, quoi que vous ne possediez ni l'un ni l'autre que sous le nom de l'Eglise, & qu'il n'y ait que la vraie Eglige de J. C. qui ait un véritable droit à ces choses-là.*

RE-

* Proverb. 13. 22.

REPONSE.

CE passage contient des Paradoxes si mistérieux, si odieux, & si absurdes, qu'il faut coter par ordre nos refléxions.

Je dis 1. que c'est une vaine excuse, & un méchant remède palliatif, que de dire à de gens persécutez & molestez en leurs biens & en leurs personnes qu'on desaprouve le procédé de ceux qui abusent des Loix du Prince ; car outre que quand même personne n'en abuseroit, ces pauvres gens, qui souffrent la persécution, seroient exposez à mille angoisses dont les Auteurs ne seroient nullement desaprouvez par Mrs. les Ecclésiastiques, d'où il s'ensuit qu'on leur doit tenir peu de conte de ce qu'ils disent qu'ils desaprouvent les abus ; outre cela, dis-je, n'est-ce pas se moquer du monde que de solliciter avec ardeur des Loix dont on sait que l'éxécution sera inévi-

inévitablement acompagnée de mille abus, & de prétendre en être quitte pour dire fort-gravement que l'on improuve ces abus. Et si vous les improuvez, malheureux que vous étes! que n'en sollicitez-vous la punition avec la même instance que vous avez sollicité les Loix mêmes? Pourquoi étez-vous les prémiers à dissimuler ces abus, à les nïer, à publier par tout un Roiaume qu'il ne s'en est point commis? C'est ce que je remarque en passant contre ces plumes lâches & venales, qui parlent si flateusement des conversions à la Dragonne de France.

En 2. lieu; n'est-ce pas une chose abominable, quoi que voilée d'un grand air mistérieux, que de dire que tout est aux justes par le droit divin? Quel Galimatias est-ce que cela? Quoi les marchandises qu'un Juif a achetées & paiées de son argent, & qu'il a conduites d'Asie en Eu-

Europe avec mille périls & mille peines ne sont pas à lui, c'est un vol & une usurpation qu'il en fait au préjudice des membres de la vraie Eglise? Il sembleroit au-contraire, que comme Jesus-Chrit n'avoit pas même le privilége des renards & des oiseaux, qui ont des tanieres & des nids, pendant qu'il n'avoit pas où reposer sa tête, ses membres ne dussent pas être partagez des biens du monde; néanmoins voici une Théologie, qui aussi chimerique que le sage des Stoïques, met en possession de toute la terre & de tous les biens meubles & immeubles des Juifs, Turcs, Païens, & Sectaires, une poignée de gens qu'on apelle Catholiques. Sans mentir voila de grandes visions, & en même tems voila les prétentions des Papes sur le temporel des Rois bien clairement établies; car si tout est à l'Eglise de droit divin, il s'ensuit que les Monarchies, & les Principautez de la terre lui apartiennent, & qu'il en peut diſpoſer dans l'ancien Continent avec la même autorité qu'il a fait dans le nouveau.

3. Cela même ruïne l'alternative dont nous parle S. Auguſtin; car ſi une fois tout eſt aux juſtes de droit divin, il s'enſuit que les Puiſſances n'ont pû diſpoſer des biens du monde en faveur des profanes & des impies, que par une uſurpation notoire du droit que les juſtes y avoient par la donation de Dieu. Il eſt donc faux qu'un Juif puiſſe dire que les choſes dont un Prince infidéle le laiſſe joüir lui apartiennent; car la conceſſion de ce Prince n'étant qu'un vol fait aux juſtes, ne rend pas le Juif légitime poſſeſſeur, & par conſequent S. Auguſtin ſe coupe d'une façon inexcuſable lors qu'il acorde qu'il y a 2 moiens d'être légitime poſſeſſeur d'un bien, l'un quand on eſt juſte, l'au-

l'autre quand les Souverains le donnent, ou veulent qu'on en jouïsse. Tout ce qu'il pouvoit acorder c'est que les justes, n'aiant pas assez de forces pour se mettre en possession de tout ce qui leur apartient, souffrent que les détenteurs injustes que les Princes en mettent en possession en tirent les fruits. Voila les Juifs bien punis de leurs prétentions chimeriques, le modéle & la source de celles de S. Augustin. Leurs Docteurs soutiennent qu'il n'y a que les seuls Israëlites qui possedent légitimement quelque chose, & que les biens des autres sont comme le désert dont le prémier qui se saisit devient possesseur légitime: pourvû qu'il soit Juif s'entend.

En 4. lieu; ne renonçons point à l'humeur acommodante de ce Pére; il veut bien que les Justes laissent dormir tous leurs droits, & qu'ils aient assez de complaisance pour les Souverains, pour n'être pas fachez qu'ils qu'ils autorisent les partages établis depuis long-tems dans le monde. Que s'ensuit-il de tout cela, c'est que tout Prince qui bouleverse ce partage sans une raison tres-forte est un Tiran & un voleur. On m'avoüera que ce seroit un vol proprement dit, si un Roi s'en alloit prendre chez un Marchand toutes les étofes qu'il y trouveroit, & ne lui en paioit pas la valeur. J'excepte les cas où tout le Roiaume courroit risque si on ne sacrifioit pas les biens de quelques particuliers; mais encore un coup on m'avoüera que ce seroit un vol, si un Roi faisoit rafler pour ses usages & pour satisfaire ses fantaisies, tous les joiaux des Orfévres, & tout l'argent monoïé des Banquiers sans jamais en venir à restitution. Ce seroit aussi une volerie & tirannie que d'ôter à Jean & à Jaques leur patrimoine en France, en Espagne, &c. pour s'en aproprier les revenus, ou pour le don-

donner à des Courtisanes, à des Mignons, à des Musiciens, ou à d'autres gens. Ce seroit la même chose quand même on le feroit sous prétexte de quelque desobéïssance semblable à celle-ci; c'est que le Prince aiant commandé par un Edit solemnel, que tous ses sujets fussent d'une certaine taille à un certain âge, eussent les yeux bleus, le nez aquilin, les cheveux noirs, se plussent à la Musique, ou à la chasse, ou à l'étude, trouvassent meilleures certaines viandes que d'autres, crussent fermement que la neige n'est point blanche ni le feu chaud, au sens que les Péripatéticiens le disent, & que la Terre se meut autour du Soleil, &c., plusieurs de ses sujets ne se conformeroient pas à ces ordres. Je dis que si le Prince châtioit de semblables desobéïssances par la confiscation des biens, par des amandes, par un changement du partage des biens situëz

dans

dans ſes Etats, il deviendroit un Tiran tres-injuſte, & dépouilleroit ſes ſujets d'un bien qui ſeroit à eux légitimement. D'où il s'enſuit, comme je l'ai prouvé au long en un autre * endroit, qu'afin qu'une deſobéïſſance ſoit punie juſtement par la perte de quelque bien, il eſt néceſſaire que la Loi, à laquelle on a deſobéï, ſoit juſte, ou du moins telle qu'il n'y ait qu'une négligence déraiſonnable qui y faſſe contrevenir. Comme donc les Loix par leſquelles les Princes ordonnent qu'on ait à croire ceci ou cela touchant le culte de Dieu, & à faire ceci ou cela pour s'aquiter des devoirs de la Réligion ne ſont pas de cette nature; car il eſt manifeſte qu'un homme perſuadé qu'il ne doit croire de Dieu que ce qu'il en croit, ni l'honorer que ſelon les manieres qu'on lui a apriſes dans la maiſon

* Chap. 6. de la 1 Part. p. 125. & ſuiv. voi. auſſi p. 60.

maiſon de ſon pére, & qui quoi qu'il faſſe ſe trouve convaincu qu'en croiant & en agiſſant autrement il atireroit ſur lui la dannation éternelle, ne deſobéït pas à une Loi par une negligence déraiſonnable; il s'enſuit donc qu'un Prince qui punit la deſobéïſſance à cette ſorte de Loix par des confiſcations, des priſons, & des éxils, éxerce tiránniquement le pouvoir de Souverain dont il ſe trouve revêtu, & par conſéquent S. Auguſtin n'a nulle raiſon de dire, que dés qu'un homme ne ſe conforme pas aux Loix du Prince, qui condannent au fiſc les biens de ceux qui ne s'y conformeront pas, il n'a rien à lui, il n'a plus aucun droit ſur ſon patrimoine, & ſur les fruits de la süeur de ſon viſage. Il faloit ajoûter pour le moins cette condition, que ces Loix étoient telles que les ſujets s'y pouvoient conformer en conſience. Mais c'eſt ce qu'on ne peut point dire des Loix qui

qui regardent la Réligion, & qui ordonnent à quelques-uns des ſujets d'abjurer ce qu'ils croient la vraie & divine foi. Donc ceux qui y deſobéïſſent demeurent comme auparavant les poſſeſſeurs légitimes de leurs biens, & on ne peut les en chaſſer, que comme on en chaſſeroit celui qui n'obéïroit pas à ſon Prince, commandant de croire qu'une telle ſauſſe eſt meilleure qu'une telle, & que Mr. Deſcartes a donné la véritable cauſe des Phénomenes de l'aiman. Ou bien diſons qu'on les en chaſſeroit comme on auroit chaſſé Naboth de l'Heritage de ſes péres.

Cét éxemple eſt terrible. Achab tout * méchant Roi qu'il étoit, ne voulût s'acommoder de la vigne de Naboth qu'à la maniere des particuliers, c'eſt-à-dire par échange ou par achat, & il offroit même au propriétaire une meilleure vigne en un

* Liv. des Rois Ch. 21.

un autre endroit, ſi mieux n'aimoit toucher le prix de la ſienne. La conduite de ce Roi ne pouvoit pas être plus-raiſonnable à cét égard, & d'ailleurs il eſt fort-permis à un Prince, qui a une maiſon de plaiſance, d'y ſouhaiter un plus-grand jardin, à quoi la vigne de Naboth eût été fort-propre. Cét homme néanmoins n'eût aucune complaiſance pour ſon Roi; il lui dit fort-ſéchement qu'il n'avoit garde d'aliener l'heritage de ſes péres, en quoi on prétend qu'il agiſſoit par des raiſons de conſience, & pour ne pas enfraindre les préceptes du Levitique. Il n'y a que cela qui le puiſſe diſculper d'une inſigne brutalité. Achab n'eût rien à lui dire, & ſe reduiſit à s'en chagriner mortellement. Sa femme plus-hardie que lui, n'oſa néanmoins lui conſeiller de s'emparer de cette vigne, mais elle fit condanner Naboth à mort ſous un autre prétexte, ſavoir de blaſphême

phême contre Dieu & le Roi, & alors la vigne fût à Achab. On m'avoüera que si ce Prince, sur le refus du propriétaire de se soumettre à la volonté du Roi touchant l'échange ou l'achat, avoit confisqué cette vigne il en eût été censuré par le Prophéte Elie comme d'une action injuste. Exemple qui fait voir aux Princes qu'ils ne doivent troubler personne dans la possession des biens dont il jouït de bonne foi & selon les Loix civiles, à moins que les nécessitez urgentes de l'Etat ne le demandent; mais jamais pour punir ceux qui suivent les mouvemens de leur consience sans faire aucun tort au public & à leurs concitoiens.

Il y a de tres-grands hommes qui soutiennent, que tant s'en faut que les Rois puissent transposer les biens des familles comme il leur plaît, & apauvrir celles-ci pour enrichir celles-là, ils ne peuvent pas même justement

ſtement mettre des impôts ſur leur peuple ſans ſon [1] conſentement. Voici comme parla le fameux Jean Juvenal des Urſins, Archevêque de Reims, dans une Remontrance à Charles VII. *Quelque choſe qu'aucuns dient de vôtre puiſſance ordinaire, vous ne pouvez pas prendre le mien. Ce qui eſt mien n'eſt point vôtre, peut bien être qu'en la Juſtice vous étes le Souverain & va le reſſort à vous: vous avez vôtre Domaine, & chacun particulier le ſien.* Jean [2] Gerſon dit *que c'eſt une erreur de déclarer à un Roi qu'il a juſte droit d'uſer de ſes ſujets & de leurs biens à ſa volonté ſans autre tître d'utilité publique ou de néceſſité, impoſant toutes ſortes de tributs comme il lui plaît; car de faire ainſi ſans autre raiſon ce ſeroit tiranniſer & non régner.* L'Auteur des maximes que j'ai cité à la marge, prouve dans le même lieu que non ſeulement les Prin-

1 Voiez le livre intit. *Recueil des maximes véritables & importantes pour l'inſtitution du Roi*, Ch. II.

2 Contra adul. Prin. conſid. 6.

Princes *péchent grandement quand ils n'empêchent pas par toutes ſortes de moiens les vols & oppreſſions que font les gens de guerre au peuple; mais auſſi qu'ils ſont tenus en bonne conſience a reparer les torts & dommages que leurs ſoldats ont fait à leurs ſujets, & à reſtitüer les biens qu'ils leur ont pris par force & violence; & véritablement*, pourſuit-il, *je m'étonne que ce point eſt ſi fort negligé & que les Confeſſeurs & Directeurs ont tant de complaiſance, qu'en une choſe ſi importante, ſi manifeſte, & où il ne peut y avoir d'équivoque, ils aprébendent tellement de contriſter tant ſoit peu ſur cét article à penitence les ames qu'ils gouvernent.* Voila des leçons non ſeulement pour les Moliniſtes Confeſſeurs des Rois, mais auſſi pour S. Auguſtin les antipodes de Molina; S. Auguſtin, dis-je, qui nous débite la plus-corrompuë Morale qui ſe puiſſe voir; c'eſt qu'auſſi-tôt qu'un Prince s'aviſe de faire des Edits de Réligion, & de contraindre par confiſcations & par des

des amandes la consience de ses sujets, ceux qui n'obéïssent pas déchéent de la possession légitime de leur patrimoine, qui par conséquent peut être tout aussi-bien ocupé & saccagé par les soldats ausquels le Prince le livre, que par un autre.

Mais en 5. lieu, qui n'admirera l'application que fait ce Pére des passages de l'Ecriture, comme si Salomon en prédisant que les richesses des méchans ne demeureront point dans leur famille, mais passeront au pouvoir des gens de bien, avoit entendu que ce seroit par des confiscations, & des saisies. Ne voit-on pas que toutes ces belles sentences de l'Ecriture regardent non pas ceux qui errent dans la Réligion, mais ceux qui commettent des crimes, autrement où en auroit été la vérité hors de la Judée, puis que personne selon les principes des Convertisseurs n'y étoit qu'un méchant abominable. Quels justes auroient profité dans la Perſe, dans la Gréce, dans l'Italie, &c. de ce que les méchans amaſſoient. C'eſt une chimére que de tranſporter à ce qu'on apelle Orthodoxie ce qui n'eſt promis qu'à la droiture du cœur, & à la bonne vie. Eſt-ce qu'il n'y a point de bonne Morale hors de l'enceinte de cette Société que S. Auguſtin croioit Orthodoxe. Autre Chimére. Nous croions que les Papiſtes ſont dans l'erreur, & ils croient que nous y ſommes, cependant & eux & nous ſerions de grands fous ſi nous croions, eux qu'il n'y a point de gens de bien parmi nous, & nous qu'il n'y en a point parmi eux.

En 6. lieu, admirons la pitié de S. Auguſtin; il aprouve de tout ſon cœur que les Loix dépouillent un Donatiſte de ſon bien, & il deſaprouve le procédé des Catholiques qui s'emparent de ce bien. Cela eſt aſſez plaiſant, blâmer l'Exécuécuteur, & loüer celui qui ordonne l'éxécution.

Enfin ce qu'il dit que les temples des Donatistes, & les fonds qu'ils avoient faits pour l'entretien de leurs pauvres & malades, apartenoient à la vraie Eglise, est si miserable que je ne daignerois le refuter. N'est-ce point le droit des gens, n'est-ce pas une émanation de toute Société, & un apanage inséparable des Loix humaines, que la fondation des Hôpitaux. Chaque Etat, République, Roiaume, ne peut-il pas consacrer certaines sommes à la subsistance des malades indigens, & de tous autres pauvres, & certains lieux à la célébration des cérémonies de sa Réligion, & ces biens apartiennent-ils à la Réligion Chrétienne. Quoi les Mosquées de Constantinople apartiennent aux Chrétiens, & s'ils pouvoient s'en emparer en dépit des Turcs, ils le devroient faire, comme aussi de tous les biens de la Réligion Mahometane? En vérité c'est rendre le Christianisme justement odieux, & sur ces maximes on ne devroit regarder les Missionnaires Chrétiens que comme des espions qui viennent fraier le chemin à l'invasion du temporel, se persuadant que les autres hommes le leur détiennent, quoi qu'ils ne sachent pas bien souvent qu'il y ait des Chrétiens au Monde.

XXI

Paroles de S. Augustin.

Mais quoi que vous vous plaigniez de ces sortes de traitemens, vous avez peine à prouver qu'on vous les fasse, & quand vous le prouveriez nous ne pouvons pas toûjours corriger ni punir ceux dont vous vous plaignez, & nous sommes quelquefois obligez de les tolérer.

RE-

REPONSE.

C'eſt ce qu'on dit aujourd'hui ſur les plaintes des Proteſtans de France. Qu'ils prouvent dit-on, par la teneur des Ordonnances qu'on les a tenaillez batus, privez du ſommeil, &c. ils n'ont garde de le faire puis que les Convertiſſeurs n'ont donné ſur cela que des permiſſions verbales, ne voulant pas qu'on pût conſerver un monument public à tous les peuples & à tous les ſiécles à venir, de leurs pernicieuſes maximes toûjours petries & confites de mauvaiſe foi. Mais il y a d'autres preuves valables que celles qui ſe tirent d'un ordre verifié & enregîtré. A l'égard de la tolérance de ces excés, je le repete, c'eſt une frivole excuſe : ſi on avoit voulu les empêcher on l'auroit fait, & ſi ne l'aiant pas pû, on avoit au moins ſouhaité d'en faire la punition, rien n'eût été plus-facile.

 Louis

Louis XIV est si absolu dans son Roiaume & si éxactement obéï que c'est de lui principalement qu'on peut dire cette parole de l'Historien Nicetas, *nihil est quod ab Imperatoribus emendari non queat nec ullum peccatum quod vires eorum superet, & quidquid permittunt facere videntur.*

Voions desormais ce qu'il y aura à voir dans la lettre de S. Augustin à Boniface. Elle est la 185. de la nouvelle édition, & c'étoit auparavant la 50. Elle fût écrite environ l'an 417.

XXII

PAROLES DE S. AUGUSTIN.

Quand Nabuchodonosor ordonna que quiconque blasphémeroit le Dieu des Hébreux périroit avec toute sa Maison ; s'il y en eût qui pour avoir méprisé cette Loi en subirent la peine, auroient-ils pû dire comme ceux-ci qu'ils étoient justes, & en a-

léguer

léguer pour preuve la persécution qu'on leur faisoit par l'autorité du Roi?

REPONSE.

PUis que l'occasion se présente de parler de cét Edit de Nabuchodonosor, le grand modéle que S. Augustin a proposé, & le tipe à ce qu'il croit de la Réligion Chrétienne sous les Empereurs Chrétiens & persécuteurs, il ne sera pas inutile de montrer ici que ce n'est pas un modéle à suivre. Pour cela je dis qu'il faut prendre garde à 2 choses, l'une que la Réligion Païenne admettant la pluralité des Dieux, & croiant que ceux qu'on n'avoit jamais adorez ni connus, pouvoient tellement se faire connoître qu'il étoit de l'avantage de la Réligion déja établie d'honorer aussi ceux-là; les Princes Païens n'avoient pas les mêmes raisons que les Chrétiens de ne point faire des Loix de contrainte en fait de Réligion, & quand ils en en faiſoient, ils avoient plus de ſujet de croire que les délinquans étoient des factieux qui ne deſobéïſſoient point par motif de Réligion. Je veux que les Babiloniens mépriſaſſent la divinité de Judée ; mais comme elle leur avoit manifeſté ſa puiſſance par le miracle de la fournaiſe, il étoit tout à fait probable qu'ils ne feroient aucun ſcrupule d'en parler avec eſtime, & de penſer qu'elle avoit auſſi du crédit dans l'Univers, & qu'elle protégeoit ſes Dévots. Si bien que la Cour pouvoit être perſuadée que ſi quelcun n'entroit pas dans ces ſentimens aprés l'Edit, ce ſeroit un mutin & un brutal digne de la peine menacée. En 2. lieu il faut remarquer que l'Edit du Roi de Babilone n'impoſoit point la néceſſité de rendre du culte au Dieu des Hébreux, mais ſeulement de ne pas en dire des choſes injurieuſes & blaſphématoires, à quoi il eſt tres-facile de ſe con-

conformer quelque persuadé que l'on soit de la fausseté d'une Réligion; car un homme de bien n'est pas obligé de chanter pouilles dans les ruës ou ailleurs à la divinité du païs où on le souffre. Les raisons proposées modestement, civilement, & honnêtement sont tout ce qu'il faut.

On met par-là une grande difference entre l'Edit de Nabuchodonosor & ceux que l'on a fait en France depuis peu, & en cent autres païs depuis long-tems; car ceux-ci s'adressent à des Chrétiens instruits dans l'unité d'une bonne Réligion, & persuadez que Dieu dannera ceux qui s'écartent du chemin qu'il a une fois marqué dans sa parole, & ordonnent non seulement qu'on aura des ménagemens d'honnêteté pour la Réligion dominante; mais aussi qu'on l'a professera, & qu'on la déclarera seule bonne.

Mais je ne crains point de dire conséquenment à ce que j'ai tant prouvé & éclairci, que si quelque Babilonien convaincu dans sa consience que le Dieu des Hébreux étoit un faux Dieu, l'avoit dit devant des Juges qui lui auroient commandé sous serment de dire ce qu'il en pensoit, ou croiant que sa Réligion lui demandoit qu'il déclarât ce sentiment, & avoit été puni de mort pour cela, le Roi de Babilone eût fait une action injuste, attendu qu'il eût usurpé sur la consience un droit qui ne lui apartenoit pas, & pour l'éxercice duquel il n'avoit pas une vocation spéciale fondée sur les raisons qu'en avoit Moïse. On voit donc de plus en plus le peu de justesse d'esprit de S. Augustin dans les éxemples qu'il a ramassez avec une mémoire si heureuse. Mais pour répondre à l'instance qu'il fait ici, & m'attacher précisement au point dont il est question dans ce passage, je je repete ce que j'ai déja insinüé ailleurs;

C'est que s'il a quelque raison de censurer le raisonnement des Donatistes prétendant que puis qu'ils étoient persécutez, ils étoient le bon parti, nous avons du moins raison de dire que ceux qui les persécutoient faisoient une mauvaise action, & à cét égard sortoient de la nature & de l'essence d'une vraie Réligion, & principalement de la Chrétienne.

XXIII

Paroles de S. Augustin.

Agar n'a-t-elle pas été persécutée par Sara? cependant celle qui persécutoit étoit sainte, & celle qui souffroit persécution étoit méchante.

REPONSE.

TOûjours la même illusion de comparer la peine que l'on fait ſouffrir à des gens pour des crimes de morale, avec celle qu'on inflige pour des opinions de Réligion. Que diroit-on d'un homme qui prouveroit qu'il faut perſécuter les Proteſtans par la raiſon que dans toutes les Républiques bien policées on perſécute les voleurs des grands chemins, & on détache les Prévôts ſur eux pour les chercher dans toutes leurs retraites, & qui ajoûteroit que comme en ce cas-là les perſécutez ſont méchans, & les perſécuteurs les Miniſtres de la juſtice, de même les Proteſtans perſécutez ſont méchans, & ceux qui les perſécutent bons & juſtes? On ſe moqueroit avec fondement d'une ſi pitoiable maniere de raiſonner. Franchement l'éxemple qu'on nous donne ici d'une honnête femme à la vérité pieuſe & vertüeuſe; mais non pas délivrée des accés de la jalouſie, & de la mauvaiſe humeur domeſtique, & des em-

porte-

portemens bourrus qu'une ſervante trop altiere peut exciter, cét éxemple dis-je, n'eſt guere plus à propos. Sara étoit une ſainte, je le veux, mais non pas entant qu'elle perſécutoit Agar; c'étoit non ſa ſainteté qui agiſſoit en cette rencontre, mais ſa jalouſie, ſon changrin, ſon dépit, ſa colére, en un mot les foibleſſes de ſon ſéxe, ſoutenuës ſi l'on veut, du droit qu'elle avoit de ne garder point une ſervante, qui en uſoit mal.

J'ai déja remarqué l'équivoque que S. Auguſtin fait regner dans ſon écrit, lors qu'il confond les accuſations que l'on porte contre un Prélat pour ſes crimes, ou pour les defauts de ſon ordination, avec les peines qu'on lui inflige pour ſes opinions. Il abuſe de cette équivoque pour convaincre les Donatiſtes par leurs propres principes d'être injuſtes, car dit-il ils ont perſécuté Cecilien, & ils diſent qu'on ne persécute jamais avec justice. Foible retorsion considérée en général, puis qu'il y a tant de diference entre accuser un homme & chercher à le convaincre des crimes qu'il nïe, & le châtier pour des opinions qu'il ne nïe pas, & dont il fait gloire. Or aiant remarqué déja cela, je n'y insisterai pas davantage quoi que S. Augustin nous rebate ici sa pensée plus d'une fois.

XXVI

Paroles de S. Augustin.

Si les gens de bien ne persécutent jamais personne, & qu'ils ne fassent que souffrir la persécution qu'on leur fait, ce n'est donc pas un Saint ni un homme de bien, qui parle au Pseaume 17. *où il est dit*, je persécuterai mes ennemis, je les poursuivrai & les atteindrai & ne leur donnerai point de relâche que je ne les aie défaits.

REPONSE.

APlication encore plus-fauſſe que les précédentes, car David ne parle ici que de ſes exploits guerriers, & d'une victoire remportée ſur ſes ennemis. J'avouë que ſi une fois Abraham courant aprés les 4 Rois qui avoient pillé Sodome, Joſué exterminant les Cananéens, David gagnant des batailles ſur les Philiſtins, &c. ſont des éxemples des perſécutions de Réligion, nous trouverons par tout des modéles; mais auſſi qui ne s'en moquera, & qui ne murmurera de voir l'Ecriture ſi peu judicieuſement apliquée.

La deſcription que nous fait S. Auguſtin de la fureur des Donatiſtes, & des ravages inhumains qu'ils faiſoient ſur les Catholiques, ſurprend lors qu'on conſidére que les Loix dont il fait l'Apologie ne condannoient qu'à des amandes, banniſſemens,

ſemens, &c. mais ce qu'il ajoûte *l'Egliſe étant donc reduite à ces extrémitez comment peut-on prétendre qu'il faloit tout ſouffrir plûtôt que d'implorer le ſecours que Dieu nous a procuré par les Empereurs Chrétiens, & par où aurions nous pû nous excuſer envers Dieu d'une telle négligence?* cela dis je, eſt une réïteration du Sophiſme *ignoratio elenchi*, que j'ai refuté dés l'entrée de cette 3 Partie; car y avoit-il un homme ſur la terre qui prétendit qu'on avoit eu tort de demander à l'Empereur qu'il reprimât les meurtriers, & les Incendiaires qui ſe rencontroient dans la Secte des Donatiſtes? N'étoit ce pas uniquement de ces Loix qui regardoient les Donatiſtes pacifiques, & qui ne les puniſſoient préciſement qu'à cauſe de leur Réligion que l'on ſe plaignoit? Pourquoi donc donner le change, ſi peu finement pour les habiles lecteurs, quoi que fort-ſubtilement pour les perſonnes préoccupées & peu pénétrantes.

Je

Je ne ſai ſi j'oſerai dire qu'il y a de l'apparence que les Catholiques éxageroient trop les choſes quand ils décrivoient les violences des Donatiſtes ; car on ne comprend pas qu'Honorius avec toute ſa moleſſe eût pû être ſi patient, ſollicité ſur tout comme il étoit par les gens d'Egliſe. Mais voila ce que font toûjours les plus-forts & ceux qui perſécutent : ils extenüent le plus qu'ils peuvent la ſévérité qu'ils emploient, & ils amplifient en recompenſe la longue patience qu'ils diſent avoir euë. Ils décrivent avec tous les artifices de la Rétorique, les perſécutez comme coupables d'une inſolence énorme, de crüautez inouïes, de rebellions furieuſes. Je ſuis fort-trompé s'il n'y a eu quelque choſe de cette nature dans cette perſécution. On nous étale tragiquement ce que faiſoient les Circoncellions, & au lieu de convenir qu'on les avoit châtiez ſelon leur

leur mérite, on ne nous parle que des corrections, & des châtimens mitigez de tous les Donatistes en général. Quelle disparité est-ce que cela? Nous ne voions point ici les grands chemins & les places pleines de gibets & de bûchers pour la punition des Circoncellions qui le méritoient bien s'ils étoient tels qu'on les fait, & nous voions des confiscations, des éxils, & mille autres peines sur les Donatistes honnêtes gens. Qu'une Histoire fidéle est rare parmi les Convertisseurs & leurs défenseurs.

XXV

Paroles de S. Augustin.

Autre est le service que les Rois rendent à Dieu comme hommes & autre celui qu'ils lui rendent comme Rois. Entant qu'hommes ils le servent en vivant en vrais fidéles, mais entant que Rois ils ne le servent qu'en établissant & en faisant obser-

observer avec fermeté des Loix justes qui vont à faire faire le bien, & à empêcher le mal.

REPONSE.

TOut ce discours bien entendu peut-être admis ; mais le mal est qu'il est rempli d'équivoques sur la fin, car par Loix justes S. Augustin entend les Loix qui favorisent son parti, & par le bien il entend ce qui est conforme à ses idées, comme par le mal il entend ce qui y est contraire, de sorte que des maximes si vagues & susceptibles selon les divers partis de mille sens differens ne disent rien qui soit capable d'éclairer l'esprit, ni d'arrêter les persécutions réciproques que les Sectes plus-puissantes se feront en divers païs. Pour faire quelque chose de ces maximes il faudroit convenir d'un principe commun pour la définition des Loix justes, & pour celle du bien, & du mal,

mal, c'eſt ce que l'on trouveroit dans l'hipotheſe de la tolérance; car on diroit que les Loix juſtes ſont celles qui tendent à l'avantage de la République & de la Réligion par des moiens proportionnez à la nature de chaque ſujet, d'où s'enſuivra que la Réligion ne ſe ſervira que de l'inſtruction & de la perſuaſion, & que la République ne punira que les maux qui empêchent les citoiens de vivre tranquillement. Il eſt certain que les Rois entant que tels doivent maintenir fermement des Loix comme celles-là, & pour ce qui eſt de faire faire le bien moral, comme ils n'y ſauroient être utiles avec toute leur puiſſance, s'ils ne font faire ce qui eſt connu pour bien, il eſt évident que leur devoir ſe termine à faire connoître le bien par la voie des inſtructions. Ils ne ſauroient empêcher le mal, ſi au préalable ils ne le font connoître, car pendant qu'une ame prendra

pour

pour bien ce qui eſt mal, elle s'attachera à ce mal, & ſi on la force de s'en détacher exterieurement, on lui fera faire 2 maux pour un, parce qu'elle tombera dans l'hipocriſie, donc il n'y a que l'hipotheſe de la tolérance qui fourniſſe aux Princes le moien de reduire bien en pratique ce que S. Auguſtin a marqué. On verra dans le Chap. 6. de nôtre 2 Partie la véritable ſolution de cét endroit de ce Pére.

XXVI

Paroles de S. Augustin.

Il faudroit avoir perdu le ſens pour dire aux Princes, ne vous mettez pas en peine ſi l'on attaque ou ſi l'on révere dans vôtre Roiaume l'Egliſe de celui que vous adorez. Quoi ils auront ſoin de faire vivre les hommes ſelon les Loix de l'honnêteté & de la pudeur ſans que perſonne leur oſe dire que cela ne les regarde pas, & on oſera leur dire que ce n'eſt pas à eux à pren-

prendre connoiſſance ſi dans leurs Etats on ſuit les Loix de la véritable Réligion, ou ſi l'on s'abandonne à l'impiété & au ſacrilége? Car ſi dés-là que Dieu a donné à l'homme le libre arbitre le ſacrilége lui doit être permis pourquoi punira-t-on l'adultere? L'ame qui viole la fidélité qu'elle doit à ſon Dieu eſt elle donc moins criminelle que la femme qui viole celle qu'elle doit à ſon mari? Et quoi qu'on puniſſe moins ſévérement les hommes des péchez qu'ils commettent par ignorance contre la Réligion, faut-il pour cela la leur laiſſer renverſer impunement?

REPONSE.

CEci eſt fort-ſpécieux, & mérite d'autant plus que l'on y ſatisfaſſe avec ordre & avec éxactitude.

1. J'avouë à S. Auguſtin qu'il faudroit avoir perdu le ſens pour trouver mauvais que les Princes ſe mettent en peine ſi l'on attaque ou ſi

ſi l'on révere dans leur Roiaume l'Egliſe du Dieu qu'ils adorent. Tant s'en faut qu'ils ne doivent pas s'en mettre en peine qu'au contraire ils y doivent avoir l'œil aſſidûment ; mais de quelle ſorte, car c'eſt-là toute la difficulté, & le ſeul ſujet du different. C'eſt que ſi leur Réligion eſt attaquée par les armes, ils doivent la ſoutenir par les armes ; ſi elle eſt attaquée par des livres & des ſermons, ils doivent la ſoutenir par ces mêmes inſtrumens. Si donc il s'éléve dans leur Roiaume une Secte qui ſe veüille emparer des Egliſes, & qui prenne les gens au colet pour les forcer à la ſuivre, ils doivent envoier tous les Prévôts de Robe courte, leurs ſoldats & leur milice pour courre ſus aux Sectaires, reprimer leurs violences, & les châtier ſelon l'éxigence du cas. Mais ſi cette Secte n'uſe que de raiſons, & d'exhortations, ils ne doivent que la faire refuter par de meilleures raiſons s'ils peuvent, & que travailler à l'inſtruire de la vérité; car il eſt évident à tout homme qui éxamine bien la choſe, que s'ils emploient les roües & les échafauts contre des gens qui leur oppoſent les raiſons & les explications de l'Ecriture avec leurs preuves, ils foulent aux pieds le reſpect qui eſt dû à la raiſon, & à l'Ecriture, & que s'ils extorquent par la crainte des ſuplices une ſignature de ces gens-là, ils les contraignent à renïer de bouche ce que leur cœur adore comme la vérité, ce qui eſt leur faire commettre un plus-grand crime que ne l'eſt leur erreur.

2. Il paroît de-là qu'ils peuvent & qu'ils doivent prendre connoiſſance ſi dans leurs Etats on ſuit les Loix de la véritable Réligion, ou ſi l'on s'abandonne à l'impiété & au ſacrilége; mais la queſtion eſt de

ſavoir

ſavoir ce qu'ils doivent ſtatüer, lors qu'ils découvrent qu'une partie de leurs ſujets ne ſuit pas la Réligion qu'Eux Princes croient véritable, & pratique un culte qu'ils apellent impiété & ſacrilége. Je crois avoir prouvé fort-évidenment pour ceux qui ne ſe laiſſent point aveugler à leurs préjugez, que les Princes ſe doivent contenter alors de faire éclaircir les diſputes, & convaincre s'il y a moien par bonnes raiſons ceux qui errent. Aiant fait par cette voie tout ce qui dépend d'eux ils doivent ſe tenir quittes envers Dieu, & pourvoir quant au reſte que cette Secte, differente de la leur, ſe contienne dans les bornes des bons ſujets & compatriotes. Mais dira-t-on, cette Secte commet tous les jours des impiétez & des ſacriléges; oüi, répons-je, en définiſſant les choſes comme vous les définiſſez, mais non pas en les prenant comme elle les définit; car elle prétend que

 c'eſt

c'eſt vous qui commettez des impiétez & des ſacriléges, & que le ſervice qu'elle rend à Dieu eſt le ſeul bon & véritable. J'en reviens à l'aplication que j'ai déja faite d'une penſée de Mr. l'Evêque de Meaux : ſi chaque Secte du Chriſtianiſme s'empare du droit de définir les blaſphêmes, les ſacriléges, & les impiétez par des principes qui lui ſoient propres, & de décerner des peines aux gens, comme à des blaſphémateurs & des ſacriléges convaincus par une définition qu'ils ne reconnoiſſent pas, le Chriſtianiſme eſt la plus-foible de toutes les Sociétez, & la plus-ſujette à des maux irrémédiables ; car pendant que les Proteſtans brûleroient en Angleterre les Catholiques comme des blaſphémateurs & des ſacriléges, ceux-ci brûleroient les Proteſtans en Italie & en France comme des blaſphémateurs & des Sacriléges, de ſorte que les mêmes opi-

opinions ſeroient traitées en même tems de pieuſes & d'impies, de ſaintes & de blaſphématoires; & ce qui eſt le comble de l'horreur, on verroit des gens mourir dans les flammes comme des blaſphémateurs, qui proteſteroient ſincérement qu'ils meurent pour ne rien dire de ce qu'ils croient deſagréable à Dieu, & pour témoigner que la vérité qu'il leur a revélée dans ſa parole leur eſt plus-chere que la vie. Le ſeul ordre que l'on pourroit mettre à ces confuſions ſeroit de définir les blaſphêmes & les ſacriléges par des principes communs à l'accuſateur & à l'accuſé, & alors dés qu'on convaincroit un homme de blaſphême & de ſacrilége, on le pendroit, ou brûleroit, & ceux qui aiment tant les derniers ſuplices des Héretiques ſeroient contens. C'eſt ainſi que l'on punit juſtement un Chrétien qui renïe Dieu, ou qui vole les ſacriſties, le

 tronc

tronc des pauvres, &c., car ſelon ſes propres principes il eſt blaſphémateur & ſacrilége. Mais il eſt vrai que c'eſt trop demander à S. Auguſtin, que de vouloir qu'il qualifie les choſes autrement que ſelon l'inſtigation de ſes préjugez.

Ma 3. remarque naît de la 2. C'eſt à bon droit que les Princes doivent faire obſerver par peines & châtimens les Loix de l'honnêteté & de la pudeur, parce que tous leurs ſujets avoüent que ces Loix ſont juſtes, & qu'ainſi ils ne les ſauroient enfraindre que malicieuſement, volontairement, & en croiant que cela déplaît à Dieu. Mais pour les dogmes de Réligion, & les Loix établies par les Princes touchant le culte de Dieu, tous leurs ſujets n'en reconnoiſſent pas la juſtice, il y en a qui les trouvent impies & abominables, ainſi ce n'eſt point par malice, par rebellion, par mépris du Souverain qu'ils ne

les

les obſervent pas, mais par la crainte de deſobéïr à Dieu, le Maître commun des Princes & des ſujets. Voila, voila la grande & capitale raiſon qui met de la difference entre les actions civiles & les actions Réligieuſes par raport à la juriſdiction du Souverain, & pourquoi il peut maintenir par peines & recompenſes les Loix qui concernent celles-là, & qu'il ne peut point punir ceux qui enfraignent les Loix qui décident de celles-ci.

4. La réponſe eſt à préſent fort aiſée à la comparaiſon que S. Auguſtin nous donne du ſacrilége & de l'adultere. Pourquoi, dit-il, punit-on l'adultere, & non pas le ſacrilége? C'eſt parce que celui qui commet l'adultere convient avec ſon accuſateur & ſon Juge que c'eſt un adultere & une méchante action, & que bien loin de convenir avec eux qu'il commette un ſacrilége en ſervant Dieu ſelon les principes

de ſa Secte, il croit faire une action de piété, & qu'il feroit une impiété & un ſacrilége s'il imitoit ſon accuſateur & ſon Juge. Les Juges ne trouvent rien dans l'ame d'un adultere à quoi ils doivent du reſpect. Ils voient que le motif de cét homme-là eſt mauvais, & qu'il a ſçû qu'il faiſoit mal, & par conſéquent qu'il n'a aucune conſidération ni pour Dieu, ni pour ſon prochain, ainſi tout crie vengeance; mais quand un Juge Catholique veut punir ce qu'il apelle impiété, blaſphême, ſacrilége d'un Calviniſte ſoutenant que les hoſties conſacrées ne ſont que du pain, & leur ôtant l'adoration, il trouve dans l'ame de cét Héretique un motif digne de reſpect, ſavoir la crainte de déplaire à Dieu, l'horreur de l'idolâtrie, & le deſſein ferme d'encourir plûtôt la haine des hommes que de faire ce qu'il croit que Dieu lui a défendu. Une diſpoſition comme celle-

celle-là ne devroit-elle pas être un asile inviolable contre toutes les jurisdictions humaines, & se peut-il que les hommes aient eu assez de fureur & d'audace Gigantesque pour faire mourir un homme, parce qu'il prenoit pour la régle de ses actions la même chose qu'il prenoit pour les ordres & pour la volonté de Dieu.

5. Pour la comparaison d'une femme qui viole la foi conjugale, & d'une ame qui ne demeure pas dans les vraies opinions, (c'est ce que S. Augustin apelle violer la fidélité que l'on doit à Dieu) je n'ai rien à dire, ce Pére ne pouvoit pas se camper plus-mal qu'il a fait-là; il n'y sauroit tenir un moment contre l'Auteur * moderne que j'ai cité autrefois, & aprouvé en partie & en partie desaprouvé. Je le renvoie donc à cét Auteur, qui lui montrera

* Nouvelles Lettres de l'Aut. de la Crit. géner. de Maimb. tome 1.

trera par l'éxemple d'une femme qui trompée par la ressemblance, & persuadée qu'un imposteur qui s'offre à elle pour son mari est son époux, le reçoit dans sa couche sans offenser Dieu le moins du monde, qu'un Héretique qui prend la fausseté pour la vérité doit l'honorer comme si c'étoit effectivement la vérité, & ne peut être responsable auprés de Dieu que de la négligence ou de la malice par le moien desquelles il auroit pris l'un pour l'autre. Ainsi on ne sauroit assez blâmer S. Augustin du peu d'éxactitude qu'il a gardé dans ses paralleles. Il nous compare froidement, & comme s'il avoit à faire à des gruës, une femme qui couche avec un homme qu'elle sait n'être point son mari, & une ame qui adopte des opinions fausses, mais qui ne les adopte que parce qu'elle est pleinement persuadée qu'elles sont vraies, si bien que le seul titre de recom-

recommandation qu'elles aient à son égard, ne vient que de la disposition ferme & sincére où est cette ame d'aimer & de respecter la vérité.

XXVII

Paroles de S. Augustin.

Nous convenons que les enfans, qui se menent par douceur & par amour, valent beaucoup mieux que les autres, mais ils ne sont pas le plus-grand nombre, il y en a sans comparaison davantage dont il n'y a que la crainte qui puisse venir à bout. Aussi voions-nous dans l'Ecriture, [1] *que* le mauvais serviteur ne se ramene point par des paroles & des remontrances, *ce qui suppose qu'il faut y emploier quelque chose de plus-fort. En un autre endroit elle marque qu'il faut avoir recours aux coups, non seulement contre les mauvais serviteurs, mais contre les enfans indociles.* Il est [2] vrai, *dit-elle*, que les

 coups

1 Prov. 29. 19.
2 Proverb. 23. 14.

coups que vous leur donnez font souffrir leur corps, mais vous délivrez leur âme de la mort; *& ailleurs*, * celui qui épargne les verges n'a que de la haine pour son fils.

REPONSE.

P*Ergis pugnantia secum frontibus adversis componere* pourroit-on dire en quelque maniere à S. Augustin; car il est vrai qu'on ne fût jamais plus-malheureux en comparaisons qu'il l'est ici, quoi qu'il en trouve à monceaux d'assez propres pour imposer aux esprits qui n'éxaminent que la superficie des choses. Voions si l'éducation des enfans & la conversion des Héretiques se doit faire par les mêmes voies.

Je dis que non, & je me fonde sur cét argument essentiel, c'est que les enfans, jusqu'à un certain âge, ne formant guere de jugement arrêté ou raisonné sur ce qu'ils font, mais suivant les impressions de

* Prov. 13. 24.

de la machine, & les ſentimens de plaiſir ou de douleur que les objets leur font naître, il faut principalement obtenir d'eux certaines actions; mais comme ils ne ſont guere touchez des motifs d'honnêteté, & qu'ils ne pénétrent pas aſſez l'étenduë d'une raiſon pour donner la préference à cela ſur les paſſions, il faut les menacer, & les batre bien ſouvent ſi on veut leur faire faire certaines choſes. Or pourvû qu'il les faſſent on gagne aſſez, quand même on ne leur éclaireroit pas l'eſprit alors, & qu'on ne leur donneroit pas une opinion ſaine. Par éxemple, un pére veut que ſon fils aprenne à écrire, & ordonne qu'il écrive tant d'heures par jour; le fils aime mieux joüer quelques raiſons qu'on lui donne; que faut-il faire? Il faut le châtier s'il n'écrit pas; il vaudroit mieux, je l'avouë, lui mettre d'abord dans l'eſprit cette connoiſſance, *il m'eſt bon*

& avantageux d'écrire par telle & telle raiſon, & la lui donner pour régle de l'obéïſſance à ſon pére, qui veut qu'il écrive; mais ſi ſon eſprit n'eſt pas en état de s'imprimer de cette idée, il faut néanmoins le faire écrire; parce que ſoit qu'il croie qu'il eſt beau & honête d'écrire, ſoit qu'il ne le croie pas, ſon pére ne laiſſera pas de l'amener à ſon but, qui eſt de lui aprendre à écrire; car il ſuffit pour cela que le fils écrive, & que de peur d'être foüeté il tâche de bien écrire; on n'a que faire de ſes opinions pour ce deſſein particulier, le tout eſt qu'il ait peur du châtiment s'il ne fait ce qu'on lui marque.

Il faut, en gardant les proportions, dire le même du ſervice des Valets. Un Maître raiſonnable ſera bien aiſe de les éclairer ſur leur obligation, & de les y porter par des motifs dignes de la nature humaine; mais ſi cela ne ſuffit pas, il ſe ſe ſervira de la menace & des coups, & il fera bien aprendre les choſes ſelon les idées ordinaires. Pourquoi fera-t-il bien ? parce que par raport aux actions qu'il commande à ſes valets, c'eſt tout un pour lui, ſoit qu'il les faſſent perſuadez de ceci ou de cela, ſoit qu'il les faſſent ſans en être perſuadez. Ainſi qu'un Cuiſinier ſe perſuade tant qu'il lui plaira, que ſon Maître eſt indigne de vivre, & qu'il mériteroit qu'on aprêtât mal ſon ſouper, ſi néanmoins la peur du bâton l'empêche de l'aprêter mal, n'eſt-ce pas tout ce que ſon Maître cherche ? trouveroit-il meilleur un ragoût ſi ſon cuiſinier penſoit autrement ? On voit donc pourquoi les menaces & les châtimens ſont néceſſaires aux enfans & aux valets indociles ; c'eſt parce qu'on n'a que faire de leurs opinions, mais de leurs actions, & qu'il importe peu que ces actions ſoient conformes à leurs opinions, pourvû qu'elles se fassent.

Mais il n'en va pas de même dans la conversion des Héretiques ; On ne tient rien si on ne change les opinions, & ainsi on n'arrive point au but que l'on doit avoir, si l'on obtient seulement qu'un Héretique fréquente certaines assemblées, assiste aux divins offices, & se conforme pour l'exterieur à la pratique du Roi. On a dû avoir pour but de l'arracher des entraves du mensonge, & de le remplir de la connoissance de la vérité, & on n'en a rien fait ; on n'a que des actions externes qui n'étoient qu'une suitte du but & du dessein principal. Je ne m'amuse pas à prouver que les menaces, & les coups ne sont pas ce qui éclaire l'esprit, & que tout au plus ils ne font que remüer la machine par la douleur ou la peur qui en vient à l'ame. Que reste-t-il donc, sinon de dire que S. Augustin

a coma comparé enſemble des choſes qui ſont tout à fait diverſes, quant au point où elles auroient dû ſe reſſembler pour être miſes en parallele?

On me viendra dire ſans doute ce à quoi j'ai ſuffiſanment répondu, ſavoir que les coups inſtruiſent médiatement en faiſant que l'ame s'aplique mieux à éxaminer les choſes, & moi je renvoie à mes précédentes ſolutions.

Que s'il y a quelque crainte qui ſoit néceſſaire à l'homme pour ſe convertir, c'eſt celle des jugemens de Dieu; mais comme on ne craint pas d'être châtiez de Dieu pour les choſes que l'on croit bonnes, & que chacun croit bonnes les opinions qu'il a dans ſa Réligion, il s'enſuit évidenment qu'il ne ſert de rien pour deſabuſer un Héretique de le menacer de la colére de Dieu; il ne croira jamais que cela regarde autre choſe que ſon indévotion, & ſes

ses mœurs corrompuës, & tout l'effet que cela doit produire naturellement, c'est de l'obstiner dans son Héresie. Cependant S. Augustin n'avoit garde, de ne pas ajoûter à ses comparaisons paralogistiques celle des enfans rebelles à Dieu, qui ont profité des afflictions que Dieu leur a envoiées. Je le croi bien, mais c'étoit par raport aux mœurs, ou si les opinions y ont eu part, c'est que Dieu s'en est mêlé d'une façon singuliere ; or il ne faut pas conter sur ces cas particuliers, ni fouler aux pieds sur cette vaine prétention les plus-sacrées Loix du Décalogue.

XXVIII

Paroles de S. Augustin.

Jesus-Chrit même a fait violence à Paul pour le forcer à croire : que ces gens-ci ne disent donc plus, comme ils font, il est

est libre à chacun de croire ou de ne pas croire.

REPONSE.

LA patience échape en vérité quand aprés avoir trouvé tant de Sophismes, on en trouve encore d'autres; car n'est-ce pas une illusion indigne de ce grand Docteur de la grace, que de nous venir dire, que puis que Jesus-Chr't n'a converti Paul persécuteur qu'aprés l'avoir jetté per terre, aveuglé, & consterné, Honorius pouvoit bien convertir les Donatistes en leur ôtant préalablement leurs biens, leur patrie, & leur liberté. Mais Honorius avoit-il une grace toute prête comme Jesus-Chrit pour faire bien réüssir les châtimens? Connoissoit-il les circonstances propres à véxer & à tourmenter? Etoit-il assuré que ses contraintes seroient efficaces? C'est un abus que de tirer des conséquences de tout ce que Dieu

Dieu fait à ce que les Princes doivent faire. Dieu a emploié les châtimens pour convertir Pharaon, & cependant ce Prince s'obstina dans sa malice : mais ils produisirent un effet contraire dans l'ame de Paul persécuteur. Cela nous montre qu'entre les mains de Dieu toute sorte d'instrumens sont bons quand il lui plaît ; que néanmoins les hommes ne s'ingerent point d'imiter cette conduite ; autrement pourquoi n'imiteroient-ils pas ce que Dieu fit à S. Paul pour l'empêcher de s'enorgueillir en lui mettant une écharde en la chair ? Pourquoi ne feroient-ils pas avaler aux personnes qui abusent de leur santé, & de leur beauté une poudre qui leur ôtât tout leur embonpoint, ou publier contre elles un libelle diffamatoire qui les empêchât de s'oser montrer ? Pourquoi ne feroient-ils pas mourir les enfans afin de punir les péres & les détacher de la terre,

com-

comme Dieu le fait à plusieurs, & ainsi des autres fleaux avec quoi il avance le salut de ses Elus. Si les Princes avoient les 2 caractères dont Jesus-Chrit est revétu, à la bonne heure qu'ils tourmentassent les gens encore plus que S. Paul ne fût tourmenté. Mais ont-ils le droit qu'a Jesus-Chrit d'affliger qui bon leur semble par des maladies, des naufrages, de pertes d'enfans & de biens? Et peuvent-ils, comme lui, assurer & persuader ceux qu'ils affligent pour leurs opinions, qu'elles sont desagréables à Dieu? A cét égard l'autorité des Rois est la plus petite du monde; car quand ils diroient cent fois le jour à un Héretique, *Vos sentimens ne valent rien*, ce ne seroit pas une aussi forte raison que si un Prêtre le disoit; parce qu'il est plus à présumer qu'un Prêtre a éxaminé les Réligions, qu'il ne l'est qu'un Roi les ait éxaminées. Ainsi les peines qu'il inflige ne ne ſont aucunement propres à faire naître des doutes dans l'eſprit des perſécutez, quoi qu'elles puiſſent leur inſpirer l'envie de s'accommoder lâchement au tems.

XXIX

Paroles de S. Augustin.

Pourquoi l'Egliſe n'emploieroit-elle pas la force pour faire rentrer dans ſon ſein les enfans qu'elle a perdus, puis que ces malheureux enfans ne craignent point de l'emploier pour faire périr les autres?

REPONSE.

IL eſt aiſé de ſatisfaire à cette demande en diſant qu'il ne faut point pécher par éxemple, & qu'une mére qui feroit une ſotiſe, parce que ſa fille en auroit fait une, ſe rendroit encore plus-ridicule que ſi elle ne s'étoit point ſervie de cette raiſon. Si les Donatiſtes avoient uſé de violence contre leurs fréres, n'y n'y avoit-il pas assez de Loix dans le droit Romain pour les punir, & assez de Tribunaux de Judicature pour les condanner aux peines qu'ils méritoient? Faloit-il que l'Eglise, au lieu d'exhorter les Juges à faire leur devoir contre ces persécuteurs, devint elle-même persécutrice de ceux qui n'avoient point participé au crime? S. Augustin au commencement vouloit qu'on ne demandât que la sureté des Catholiques, mais il changea d'avis.

XXX

Paroles de S. Augustin.

Si, par éxemple, nous voions deux hommes dans une maison, que nous sçussions prête à tomber, & que quelque soin que nous prissions de les en avertir, ils ne voulussent nous croire, & s'obstinassent à s'y tenir, n'y auroit-il pas de la crüauté à ne les en pas retirer même par force.

RE-

REPONSE.

C'Eſt l'objection un peu changée du phrénétique que l'on empêche de vive force de ſe jetter par la fenêtre. Nous y avons donné une diſparité ſi invincible que nous ne craignons pas de voir jamais cette objection relevée de ſon renverſement. Tout conſiſte en ce mot. Quand une maiſon va tomber on empêche également un homme d'en être écraſé, ſoit qu'on lui perſuade d'en ſortir, ſoit qu'on l'en tire par force ; mais on ne ſauve pas un homme qui eſt dans une fauſſe Réligion, ſi on ne lui perſuade de la quitter. Faites tout ce qu'il vous plairra, hormis cela vous n'avez rien fait, & ainſi la contrainte & la trainerie, comme par une corde, dans l'Egliſe des fidelles eſt une démarche à fond perdu & la plus-ſuperfluë qui ſe puiſſe dire par raport au ſalut.

XXXI PA-

XXXI

PAROLES DE S. AUGUSTIN.

Quant à ce qu'ils disent, que nous en voulons à leurs biens, & que nous les leur enlevons; qu'ils se fassent Catholiques, & nous consentons non seulement qu'ils possedent ce qu'ils apellent leurs biens, mais qu'ils entrent en part des nôtres. La passion les aveugle tellement qu'ils ne prennent pas garde qu'ils se contredisent. Ils nous reprochent, comme quelque chose de fort-odieux, que nous emploions l'autorité des Loix pour les faire rentrer par force dans nôtre Communion, le ferions-nous donc si nous en voulions à leurs biens?

REPONSE.

CEla est dit fort-spirituellement; mais on n'empêchera jamais de croire que plusieurs, parmi ceux qui exhortent les Rois à confisquer les biens des Sectaires, ne le fassent par avarice; parce qu'ils sont persuadez

ſuadez qu'il s'en trouvera bon nombre, qui aimèront mieux perdre leurs biens qu'abandonner leur Religion. On a vû en France, durant la Dragonnerie, pluſieurs Officiers & Soldats fâchez de ce que leur Hôte ſignoit ſi-tôt, & ne leur donnoit pas le tems de mieux garnir leur bourſe chez lui. Combien y a-t-il de Catholiques dans ce Roiaume-là, qui ſeroient fâchez que les Refugiez y allaſſent reprendre leurs biens? Si on pouvoit faire l'Hiſtoire de toutes les avanies, & filouteries qui ont eu lieu dans la conceſſion de quelques paſſeports occultes, on en diroit bien.

XXXII

Paroles de S. Augustin.

Ce ne ſeront pas les Cananéens qui s'éléveront au jour du jugement contre le peuple d'Iſraël, quoi qu'il les ait chaſſez de leur païs, & qu'il ait enlevé le fruit de leur tra-

travail, mais ce sera Naboth qui s'élèvera contre Achab, parce qu'Achab a enlevé le fruit du travail de Naboth. Et pourquoi l'un & non pas les autres? C'est que Naboth étoit juste & que les Cananéens étoient des impies.

REPONSE.

C'Est la derniere chose que j'éxamine dans cette lettre de S. Augustin à Boniface. Cét endroit est remarquable ; on y pose nettement & expressément ce principe, que les Héretiques s'emparant du bien des Catholiques font mal, & que les Catholiques s'emparant du bien des Hérétiques font une bonne œuvre. Vit-on jamais une Morale plus Jesuïtique que celle-là? N'est-ce pas la vision & la Chimére de plusieurs Sectes abominables, qui se sont vantées que ce qui étoit péché à l'égard des autres hommes, étoit une action permise & innocente dans leur Communion. Pour moi, il faut que j'a-

 vouë

voüë que je ne ſai plus où j'en ſuis, quand je voi qu'on atache de tels priviléges d'impeccabilité à la profeſſion de l'Orthodoxie. J'avois toûjours crû, que plus on étoit Orthodoxe, plus on étoit obligé d'être équitable envers tous les hommes; mais voici que S. Auguſtin nous aprend, que s'emparer du bien d'autrui, & enlever le fruit de ſon travail eſt une action excellente, pourvû que ce ſoient les Orthodoxes qui la commettent contre les Héterodoxes. Il n'eſt pas juſte d'en demeurer-là; car pourquoi le vol ſeroit-il de meilleure condition que le meurtre & la calomnie. Il faudra donc dire que bien batre & tüer les gens, les noircir de calomnies, & les tromper par de faux ſermens, ſont toutes bonnes actions, quand c'eſt un membre de la vraie Egliſe qui les commet contre un membre de la fauſſe Egliſe. Qui voudroit moraliſer ne diroit-il pas que la,

ju-

justice de Dieu permet, que ceux qui s'écartent d'une façon si énorme des sentiers de la droiture, & de l'esprit Evangélique en faveur des persécuteurs, tombent de précipice en précipice jusques à des impiétez de Morale qui font horreur? A ce conte le péche de David, enlevant à Urie sa femme & sa vie, ne fût un péché que parce qu'Urie étoit Juif, & si ç'eût été par hazard un Tyrien, qui se fût refugié dans la Judée, l'action eût été licite; pour le moins en cas que David ne lui eût ôté que les pierreries, l'argent & les effets qu'il eût aportez de Tyr, ou les terres qu'il auroit achetées de ses deniers avec la permission du Roi. Qu'y aura-t-il aprés cela dans le droit des gens, & naturel, que la Réligion Chrétienne n'anéantisse, elle qui devroit le maintenir & l'affermir?

VOILA ma réponse aux 2 Lettres de S. Augustin que M. l'Archevêque de Paris a fait imprimer

 à part,

à part, pour tâcher de justifier sa conduite par les raisons de ce Pére. J'en pourrois demeurer-là, supposant que c'est tout ce que les Convertisseurs ont pû dire de plus-fort, néanmoins comme il y a quelques autres lettres de S. Augustin, où il est parlé de ces mêmes choses, je suis d'avis d'y répondre aussi, pour ne laisser rien en arriere.

XXXIII
Paroles de S. Augustin. Lettr. 164 à Emeritus.

Quand les Puissances temporelles appesantissent leurs mains sur les Schismatiques, c'est parce qu'elles regardent leur séparation comme un mal, & qu'elles sont établies de Dieu pour punir le mal, selon cette régle de l'Apôtre, qui résiste aux Puissances, résiste à l'ordre de Dieu, & ceux qui leur résistent attirent eux-mêmes la condamnation sur eux, &c. toute la question se reduit donc à voir si le Schisme n'est pas un mal, & si vous n'avez pas fait Schis-

Schisme ; car si cela est, ce n'est pas pour un bien, mais pour un mal que vous resistez aux Puissances. Mais direz-vous, on ne doit pas persécuter même les mauvais Chrétiens. Quand cela seroit, pourroit-on se défendre par-là contre les Puissances établies de Dieu pour la punition des méchans ? Pouvons-nous éfacer ce qu'en dit S. Paul dans l'endroit que je viens de raporter.

REPONSE.

On ne sauroit comprendre à quoi songeoit S. Augustin quand il citoit si mal l'Ecriture. Ne voioit-il pas qu'il lui donnoit une étenduë à quoi l'Apôtre ne songea jamais ? Car de la maniere qu'il cite S. Paul, il lui fait dire tres-visiblement que tous les Sujets, qui ne se conforment pas aux Loix de leur Prince, sont méchans & punissables, & résistent à Dieu même, ce qui est la plus-impie fausseté qui se soit jamais avancée, puis qu'elle condanne de rebellion à Dieu, & d'une méchanceté punissable, tous les

Confesseurs & tous les Martirs, & en général tous les Chrétiens de la primitive Eglise, & les Apôtres tous les prémiers, qui n'ont point obéï aux Empereurs défendans de professer le Christianisme. Il faut de toute nécessité subir le joug de cette abominable conséquence, ou reconnoître qu'il y a des exceptions essentiellement sousentenduës dans les paroles de S. Paul; exceptions qui enferment à tout le moins les cas, où l'on ne peut se conformer aux Loix du Prince, sans aimer mieux leur obéïr qu'obéïr à Dieu. Or tout homme qui se conforme aux Loix du Prince, lors qu'il est persuadé que Dieu lui ordonne le contraire, aime mieux obéïr au Prince qu'obéïr à Dieu, (il n'y a point de chicane qui puisse obscurcir l'évidence de cette proposition, à l'égard de ceux qui en peseront tant soit peu les termes.) Donc S. Paul excepte tous les cas, où l'on est

eſt perſuadé que Dieu ordonne le contraire de ce que les Princes ordonnent. Si bien que les Schiſmatiques, contre leſquels S. Auguſtin a à faire, étant dans le cas, c'étoit une raiſon tres-frivole que de leur aléguer le paſſage de S. Paul, qui ne ſert de rien pris dans cette généralité, ſans prouver qu'il faut être Turc à Conſtantinople, Arrien ſous Conſtance, Paien ſous Neron, Proteſtant en Suede, Papiſte à Rome, &c.

Quand les Puiſſances temporelles appeſantiſſent leurs mains ſur les Schiſmatiques; c'eſt parce qu'elles regardent leur ſéparation comme un mal, & qu'elles ſont établies de Dieu pour punir le mal. Mettons en forme ce raiſonnement de S. Auguſtin.

Si c'étoit * mal fait aux Puiſſances d'appeſantir leur main ſur les

* Afin qu'on ne croie pas que cét argument n'eſt pas en forme, le Lecteur eſt prie de conſulter la Logique de Port-roial 3 Part. Ch. 12.

Schiſmatiques, ce ſeroit parce qu'elles ne regarderoient pas le Schiſme comme un mal, & parce que Dieu ne les auroit pas établies pour punir le mal.

Or elles regardent le Schiſme comme un mal, & Dieu les a établies pour punir le mal.

Donc ce n'eſt pas mal fait à elles, d'appeſantir leurs mains ſur les Schiſmatiques.

Nous allons voir tout à l'heure que ce redoutable Sillogiſme ſe reduit à la petition de principe, je vous perſecute juſtement, parce que je ſuis Orthodoxe : par où on pourra dire auſſi, je vous tuë, calomnie, fourbe, trahis juſtement, parce que je ſuis Orthodoxe.

Un Evêque Arrien ſous Conſtance qui auroit ainſi raiſonné;

Si c'étoit mal fait à l'Empereur, d'appeſantir ſa main ſur ceux qui admettent la divinité éternelle de Jeſus-Chrit, ce ſeroit parce qu'il ne ne regarderoit pas cette opinion comme un mal, & que Dieu ne l'auroit pas établi pour punir le mal.

Or il regarde cette opinion comme un mal, & Dieu l'a établi pour punir le mal.

Donc ce n'est pas mal fait à lui, d'appesantir sa main sur les défenseurs de cette opinion.

Si, dis-je, un Evêque Arrien avoit ainsi raisonné, que lui auroit pû répondre S. Augustin? Rien autre chose que ceci, savoir que Constance regardoit comme un mal ce qui ne l'étoit pas, & que Dieu ne l'avoit pas établi pour punir ce qui n'étoit pas un mal. Dés lors il ne faut plus parler du passage de l'Apôtre, qu'il a cité comme une preuve invincible; il ne s'agira plus que de disputer sur le fond des controverses, & si l'on peut se convaincre, bon: sinon il faudra que chacun demeure sur ses pieds, & serve

Dieu ſelon ſes principes. Cette remarque ſeule ſuffit, pour prouver que l'autorité ſéculiere n'a point de juriſdiction ſur les differens de Réligion, pour contraindre perſonne à croire ceci ou cela: mais ſeulement pour faire éclaircir les matieres, & empêcher que le repos public ne ſoit troublé par les differens ſentimens.

Revenant au Sillogiſme de l'Evêque Arrien, je dis que pour y répondre, il faudroit nïer, que parce qu'un Empereur regarde une choſe comme un mal, il ſoit en droit de la punir, & d'éxercer l'établiſſement dont parle S. Paul quand-il dit, que Dieu a établi les Puiſſances pour la punition du mal. Mais en nïant cela, on met dans un tel deſordre S. Auguſtin en cét endroit, qu'il faut qu'il change ſa propoſition en cette maniere, *l'Empereur n'appeſantit ſa main ſur vous ſi ce n'eſt parce que vôtre ſéparation eſt un mal,*

mal, & que Dieu l'a établi pour punir le mal. Or il eſt manifeſte que c'eſt ſuppoſer ce qui eſt en queſtion, puis que les Donatiſtes ſoutenoient qu'ils faiſoient tres-bien de ſe tenir ſéparez des autres Chrétiens; & par conſéquent S. Auguſtin ne dit quoi que ce ſoit que ceci, *vous avez tort & j'ai raiſon*, à quoi ſans doute ne ſert de rien le long paſſage qu'il cite d'une Epître de S Paul.

Il a bien vû lui-même qu'il ne diſoit que cela, puis qu'il ajoûte, *toute la queſtion ſe reduit à voir ſi le Schiſme n'eſt pas un mal, & ſi vous n'avez pas fait Schiſme.* Si c'eſt-là toute la queſtion, il faut la vuider par raiſonnemens; & alors ſi S. Auguſtin alégue des raiſons ſi fortes qu'elles convainquent les Donatiſtes, il ne ſera plus beſoin d'amandes, ni de priſons, car ils ſe réüniront au gros de l'arbre de bon gré. Mais ſi les raiſons de S. Auguſtin ne les convainquent pas, la queſtion & la dispute subsistera toûjours, & par conséquent ce sera une manifeste petition de principe à S. Augustin, s'il raisonne absolument en cette maniere.

Vous avez fait une action méchante.

l'Empereur est obligé de punir ceux qui ont fait une action méchante.

Donc l'Empereur est obligé de vous punir.

Or c'est une chose absurde que d'agir dans une dispute par pure petition de principe, & encore plus absurde d'infliger des peines, de banir, d'emprisonner, de piller les gens par pure petition de principe. Il s'ensuit donc que la cause de S. Augustin est tres-mauvaise en cét endroit.

Car puis qu'il avouë lui-même que tout se reduit à cette question, *le Schisme est-il un mal, & les Donatistes ont-ils fait Schisme?* L'ordre veut

que

que l'on éxamine cela, & que l'on en dispute avant que de condanner ou ceux qui nïent, ou ceux qui affirment. Quel sera l'effet de la discussion ou de la dispute? Il arrivera nécessairement de 3 choses l'une, ou que chaque parti persistera à croire qu'il a raison, ou que l'un d'eux reconnoissant qu'il a tort fera ce que l'autre souhaitte, ou enfin qu'encore qu'il soit convaincu de son tort, il ne voudra point changer d'état. Si nous supposons, dans le 1. cas, les Donatistes & toute autre Secte accusée d'Héresie, la question & le sujet de la dispute subsiste toûjours, & ainsi S. Augustin ne devra pas recourir aux Loix du Prince, puis qu'il ne peut supposer que par petition de principe, qu'il a raison, & qu'il n'a point de régle commune entre lui & ses adversaires, par le moien de laquelle il puisse prononcer qu'ils sont méchans. Si nous les supposons

ſons au 2 cas, il n'eſt nullement néceſſaire d'emploier contre eux les Loix du Prince. Au 3 cas nous pourrions fort-bien recourir aux Loix du Prince, pourvû que nous ſçuſſions certainement qu'ils perſéveroient dans leur faction contre les lumieres de leur conſience: mais comment ſavoir cela; nous ne ſommes point ſcrutateurs des cœurs, & nous devons ſuppoſer qu'un homme n'eſt pas convaincu encore, lors qu'il proteſte qu'il ne l'eſt point; & quelque conjecture que nous aions du contraire, nous n'avons point droit de proceder contre lui ſelon nôtre conjecture plûtôt que ſelon ſa proteſtation. Ainſi l'on ne peut s'imaginer aucun cas, où dans de pures diſputes de Réligion, il ſoit néceſſaire & légitime de s'armer du bras ſéculier & de l'autorité des Loix pénales.

Au reſte je ne comprens rien à ce que dit ici S. Auguſtin, que

quand même on ne devroit pas persécuter les mauvais Chrétiens, on ne pourroit pas se défendre par-là contre les Puissances établies de Dieu pour la punition des méchans. Il me semble que ces choses se contredisent; car supposé que les mauvais Chrétiens ne doivent pas être persécutez, c'est une fort-bonne raison à aléguer contre les Princes qui voudroient les enveloper dans une peine, dont ils devroient être éxempts; je veux dire de celle que les Puissances établies de Dieu doivent emploier contre les méchans. Mais sans m'amuser au peu de justesse de nôtre Auteur, remarquons que les Chrétiens qui ne sont méchans qu'à cause qu'ils croient comme révélées de Dieu des choses fausses, ne sont point de cét ordre de méchans pour la punition desquels les Princes ont reçû de Dieu le glaive. Ce glaive ne regarde que ceux qui commettent des crimes,
&

& qui violent les Loix politiques de l'Etat, comme ſont les meurtriers, les voleurs, les faux-témoins, les adulteres, &c.

Ce paſſage de S. Auguſtin eſt ce me ſemble la ſource, où Mr. l'Evêque de Meaux a puiſé la demande qu'il a faite à un de ces Diocéſains; *dites-moi*, lui demande-t-il, *en quel endroit de l'Ecriture les Hérétiques & les Schiſmatiques ſont exceptez du nombre de ces malfaiteurs contre leſquels S. Paul a dit, que Dieu même a aimé les Princes.* Il n'étoit pas néceſſaire de les excepter; car il eſt clair à quiconque conſulte attentivement le genie de l'Evangile, que cette ſorte de méchans ne doit pas être traittée comme l'autre. Ce qu'elle fait, elle le fait dans l'intention de mieux ſervir Dieu, & de fuir ce qui lui eſt deſagréable; il ne faut donc que la deſabuſer, & la mieux inſtruire, & il n'y a que des brutaux & des ames feroces, ou aveuglées ſtupidement par

par leurs folles préocupations, qui puissent avoir l'inhumanité de punir des fautes faites à cette intention, & involontairement. Outre que toutes les raisons que j'ai traitées amplement dans mon Commentaire sur *Contrain-les d'entrer*, sont autant de preuves démonstratives, que Dieu n'entend point que les Princes soient armez du glaive vengeur, *gladio ultore*, contre les erreurs de la consience.

Je me souviens ici d'un passage de S. Paul dont je me suis servi ailleurs, *faites du bien à tous, mais principalement aux Domestiques de la foi*, & je soutiens qu'il suffit pour répondre à la question de Mr. de Meaux; car il est clair que cét ordre de l'Apôtre regarde tous les Chrétiens & par conséquent les Souverains: Donc il est vrai que les Souverains sont obligez de faire du bien à d'autres gens qu'aux Domestiques de la foi; car sans cela il seroit absurde de de leur dire, qu'ils faſſent principalement du bien aux Domeſtiques de la foi ; mais ſi dés lors qu'on n'eſt point Domeſtique de la foi, on eſt du nombre de ces méchans que la juſtice humaine doit punir, ou pour le châtiment deſquels Dieu arme les Princes du glaive, il eſt clair, contre l'ordre de l'Apôtre, qu'ils ne pourroient faire du bien qu'aux Domeſtiques de la foi ; d'où il s'enſuit que l'Apôtre leur commande de faire une diſtinction eſſentielle entre leurs ſujets non-conformiſtes, & les meurtriers, voleurs, faux-témoins, adulteres, & autres perturbateurs du repos public, auxquels il eſt évident que Dieu ne veut pas que les Magiſtrats faſſent autre bien que de punir leurs crimes, & par conſéquent ce ſeul paſſage de S. Paul ſuffit à prouver que Dieu tire les Héretiques & les Schiſmatiques, vivant d'ailleurs ſelon les Loix de l'Eſtat, & honnêtement,

tement, du nombre des malfaiteurs, dont la punition eſt commiſe aux Princes que Dieu arme de ſon glaive.

XXXIV

PAROLES DE S. AUGUSTIN. Lettr. 166 aux Donatiſtes.

Ne faut-il pas avoir perdu toute honte, pour refuſer de ſe ſoumettre à ce que la vérité ordonne par la voix de l'Empereur?

REPONSE.

J'Avouë qu'on l'auroit perduë, ſi on refuſoit de ſe ſoumettre aux Empereurs que l'on croiroit n'ordonner que la vérité ; mais ſi je l'oſe dire, il faut vouloir s'expoſer à la riſée de tous les gens raiſonnables, que de prétendre, qu'il faut avoir perdu toute honte pour refuſer de ſe ſoumettre à ce que des Empereurs, que l'on croit opoſez à la vérité, ordonnent contre ſa conſience.

sience. Or c'est l'état de tous les persécutez ; il est donc quasi ridicule de leur aller dire qu'ils refusent de se soumettre à la vérité parlant par la bouche d'un Empereur. Cela ne se peut dire justement qu'à un homme qui persuadé que ce seroit la vérité refuseroit de s'y soumettre.

XXXV

Paroles de S. Augustin. Ibid.

Si c'est le soin que nous prenons de vous retirer de l'erreur, & de la perdition qui rende vôtre haine plus ardente contre nous, prenez-vous en à Dieu qui fait aux mauvais Pasteurs, dans l'Ecriture, ce reproche menaçant, vous n'avez pas fait revenir ce qui étoit égaré, & vous n'avez pas été chercher ce qui étoit perdu.

RE-

REPONSE.

S. Augustin est si entêté de sa persécution, qu'il la trouve dans une infinité de passages de l'Ecriture, où il s'agit de cela aussi peu que des interêts du grand Mogol. Le moindre homme entendroit parfaitement, que Dieu se plaint seulement dans ce passage de ces Pasteurs qui négligent le salut de leur prochain, & qui n'emploient pas toutes les instructions, les censures, & les exhortations possibles pour les corriger de leurs mauvaises habitudes, & pour les retirer des Héresies, où les fausses subtilitez, l'ambition, un mariage, &c. les auroient entrainez. Mais c'est une chimére palpable, que de s'imaginer que Dieu fait des menaces terribles aux Pasteurs qui ne vont pas implorer l'autorité du bras séculier, & qui ne mettent pas en campagne les Prévôts avec leurs Ar-

Archers, les Dragons, les Cuiraſſiers, & autre ſemblable engeance, pour groſſir leur Bergerie. Si cela étoit, tous les Paſteurs de l'Egliſe Romaine qui ſe ſont le mieux aquittez de ce prétendu devoir envers les Calviniſtes de France dans la derniére Croiſade Dragonne, ſeroient encore criminels devant Dieu d'une connivence & lâcheté criminelle, puis qu'ils n'engagent pas leur Roi à faire dragonner les avares, les impudiques, les médiſans, les joüeurs, les beuveurs, les gourmands, les incharitables, & tous autres mondains qui leur ſont ſi intimement connus par le moien de le Confeſſion. Selon cette belle maxime de S. Auguſtin, un Confeſſeur qui voit qu'une femme retombe dans le péché de luxure, & qui ne fait pas en ſorte qu'on lui envoie 20 Dragons, plus ou moins ſelon qu'elle eſt plus ou moins riche, qui lui briſent tous les meubles, &

qui gaspillent tout chez elle jusqu'à ce qu'elle donne sa signature de renonciation au vice, mérite le reproche menaçant que l'Ecriture fait aux Pasteurs qui ne font pas leur devoir. Quelles visions!

XXXVI

PAROLES DE S. AUGUSTIN. Lettr. 204 à Donat.

S'il ne faut forcer personne, non pas même à faire le bien, souvenez-vous que l'Episcopat est un bien, puis que l'Apôtre le dit; cependant il y a plusieurs à qui l'on fait violence pour les obliger à l'accepter. On les prend, on les amene par force, on les tient enfermez jusqu'à ce qu'on leur ait fait vouloir ce bien-là.

REPONSE.

VOici une raison qui est du vieux tems, & qu'il ne faloit pas craindre que ni l'Archevêque de Paris, ni aucun autre Prélat de Fran-

France fit imprimer avec les autres Sophiſmes de S. Auguſtin ; car ils ne ſont pas bien aiſes qu'on ſache qu'ils parviennent à l'Epiſcopat d'une façon ſi éloignée de celle de ces anciens qu'il faloit forcer ; c'eſt-à-dire qu'ils y courent, qu'ils y vont par brigues, & en faiſant long-tems leur cour au Pére la Chaize, ou à quelque autre Plaſtron des loups béans. Quoi qu'il en ſoit, dira-t-on, autrefois du moins il y avoit des perſonnes qu'il faloit contraindre d'être Evêques, or c'eſt un bien que d'être Evêque, donc on contraignoit au bien : cette contrainte n'eſt donc pas illégitime.

Pour diſſiper l'illuſion de cette parité, je n'ai que cette remarque à faire ; c'eſt que les perſonnes qui refuſoient l'Epiſcopat ne le faiſoient pas dans la penſée que ce fût un mal, mais parce qu'ils ne ſe croioient pas dignes d'un tel honneur. Ils étoient ſi humbles & ſi mode-

modeſtes, qu'ils ne ſe ſentoient pas aſſez de forces pour ce fardeau, & comme ils ſavoient que la gloire de Dieu & le bien de l'Egliſe dépendoient de ce que cette Charge fût entre les mains d'un ſujet capable, ils ſe perſuadoient qu'en l'acceptant, ils empêcheroient le bien & le fruit plus-conſidérable qu'un autre y auroit pû faire. Ils s'imaginoient auſſi qu'il faloit ſentir une vocation interieure de Dieu pour accepter cét emploi, & ne la ſentant pas qu'il ne faloit pas l'accepter, mais attendre que Dieu ſe déclarât ou par une vocation tres-ſenſible aux oreilles de l'ame, ou par un amas de circonſtances d'où on pût inferer que telle étoit la volonté de Dieu. Ces circonſtances pouroient être la perſéverance, de ceux qui offroient cét emploi, à ſolliciter & à exhorter de le prendre, une envie qu'on le prit qui ſe déclarât par des contraintes, & par

 de

de petites captivitez obligeantes, un ordre réïteré d'accepter ſous peine de deſobéïſſance, & telles autres choſes, qui bien loin de gêner la conſience la pouvoient & la devoient délivrer de tout ſcrupule; car on a tout lieu de ſe conſoler de ce qu'on accepte un emploi qu'on croit au deſſus de ſes forces, lors qu'on ne l'accepte que pour ceder à des inſtances redoublées, & en quelque façon à un commandement de ſes Directeurs. On doit être tout aſſuré que faiſant du mieux qu'on pourra dans cét emploi, on n'aura rien à ſe reprocher, ſous prétexte qu'on tient une place qui auroit pû être mieux remplie. Ainſi la comparaiſon d'un homme que l'on fait Evêque comme par force, avec celle d'un homme que l'on contraint d'abjurer ſa Religion ne vaut rien.

1. Celui qu'on contraignoit d'être Evêque, étoit perſuadé que l'Epiſcopat

piſcopat eſt une excellente choſe, au lieu que l'Héretique, que l'on contraint d'abjurer ſa Réligion, eſt perſuadé que l'autre Réligion eſt tres-mauvaiſe.

2. Celui qui refuſoit l'Evêché ne le faiſoit que par modeſtie, au lieu que l'Héretique refuſe d'abjurer par l'averſion qu'il a pour ce que l'on lui propoſe, & ainſi autant qu'il eſt obligeant de preſſer l'un d'accepter le bien qu'il n'oſe pas accepter, autant eſt-il mal-honnête & brutal de preſſer l'autre de ſe jetter dans le précipice qu'il abhorre. S. Auguſtin compare entre elles ces 2 choſes, (voiez s'il s'y entend) l'action d'un homme qui retient un autre à dîner, qui le place au plus-haut bout, & qui le contraint d'acquieſcer à mille honneurs qu'il refuſoit civilement, & l'action d'un homme qui s'en iroit chez un autre, & qui le chaſſeroit à coups de bâton de ſon propre domicile.

3. La

3. La contrainte qu'on faisoit à un Evêque étoit tres-propre à lui lever tous ses scrupules, & les levoit effectivement, au lieu que celle qu'on fait aux Héretiques ne fait que leur affliger le corps & l'ame sans leur donner aucune lumiere, & les expose à mille pensées criminelles, & à cent desseins pernicieux.

4. Enfin il y a cela à considérer, c'est qu'un homme qui se seroit roidi à refuser un Evêché, & qui auroit dit que la connoissance, qu'il avoit de sa foiblesse, ne lui permettoit pas en consience de se charger d'un tel fardeau, qu'un autre soutiendroit plus-glorieusement pour l'honneur de Dieu & de l'Eglise, auroit été renvoié en paix, & admiré pour son humilité, au lieu qu'un Héretique ne voit point de fin à ses peines que par l'abjuration qu'on lui demande.

XXXVII

Paroles de S. Augustin. Ibid.

On ſait bien que comme ce n'eſt que la mauvaiſe volonté qui danne les hommes, il n'y a que la bonne volonté qui puiſſe les ſauver, mais l'amour que nous devons avoir pour eux, nous permet-il de les abandonner à leur mauvaiſe volonté? N'eſt-ce pas une crüauté que de lui laiſſer, pour ainſi dire, la bride ſur le cou, & ne faut-il pas, autant que l'on peu, l'empêcher les hommes de faire le mal, & les forcer à faire le bien?

REPONSE.

SAns doute il faut faire tout cela autant qu'on le peut, mais comme ce n'eſt que par l'inſtruction & par la perſuaſion que l'on y peut réüſſir, les coups de bâton pouvant bien porter l'ame à remüer le corps comme les Convertiſſeurs le ſouhaitent, mais non pas changer ſa mauvaiſe volonté; il s'enſuit évidenment qu'il ne les faut pas emploier à la converſion des ames. C'eſt aſſez témoigner ſon amour à ſon prochain, & nous oppoſer à ſa mauvaiſe volonté, que de raiſonner avec lui pour lui faire connoître, le mieux qu'il nous eſt poſſible, ſes erreurs & ſes deſordres; ſi cela ne ſuffit pas, il faut renvoier l'affaire à Dieu le Souverain Médecin de l'ame. Que ſi l'Héretique veut faire du mal aux autres il faut l'empêcher ſoigneuſement; c'eſt-à-dire oppoſer un bon antidote de raiſons au venin des ſiennes, & en cas qu'il uſe de violence, le faire châtier par les Jugss ordinaires à l'inſtar des autres malfaiteurs qui maltraitent leurs concitoiens. Forcer à faire le bien eſt une phraſe contradictoire, non moins que celle-ci *cogere voluntatem* à moins qu'on ne l'entende d'un bien machinal, tel

qu'eſt

qu'eſt celui d'une fontaine qui verſe du vin pour l'uſage du menu peuple. De cette façon on forceroit un avare à donner l'aumône, mais il ne feroit pas pour cela une bonne œuvre.

XXXVIII

Paroles de S. Augustin. Ibid.

S'il faut toûjours abandonner la mauvaiſe volonté à ſa liberté naturelle, pourquoi tant de fleaux & d'aiguillons ſi ſenſibles pour forcer les Iſraëlites, malgré leurs murmures & leur opiniâtreté, d'avancer vers la terre de promiſſion ? &c.

REPONSE.

S. Auguſtin entaſſe ici les éxemples déja refutez de S. Paul jetté par terre, d'un pére qui doit foüeter ſes enfans, d'un Paſteur qui doit courir aprés la brebis égarée & la ramener de gré ou de force, à faute dequoi Dieu lui reproche

che qu'il eſt un lâche & un négligent. J'ai tant refuté cela que j'en ſuis las. Ne comprendra-t-on donc jamais la difference eſſentielle qui ſe trouve entre les actes pour leſquels la bonne volonté eſt requiſe, & ceux où elle ne l'eſt point, entre les actes qu'on fait ſachant qu'on déplaît à Dieu, & ceux que l'on fait en penſant lui plaire. Les Iſraëlites murmurateurs, & refuſans de marcher vers la terre de Canaan, n'étoient pas ſi abrutis qu'ils crûſſient que cela plaiſoit à Dieu, & que leur conſience & leur Réligion éxigeoit d'eux ces refus & ces plaintes, ils méritoient donc d'être châtiez, & les châtimens que Dieu leur faiſoit ſentir étoient propres à les corriger de leur malice, parce qu'ils étoient aſſurez que c'étoit Dieu qui les châtioit à cauſe de cette malice. Mais un Schiſmatique ou un Héretique que les Convertiſſeurs chargent de chaines, ou de Dra-

Dragons, ne ſait pas que c'eſt Dieu qui le châtie pour les opinions qu'il a. Il ſe figure au-contraire que Dieu le châtie, parce qu'il n'a pas eu aſſez de zéle pour ſa Religion, & ainſi les priſons, les Dragons, & les galéres ne peuvent pas corriger le mal que les Convertiſſeurs ſe propoſent de guérir, comme les châtimens des Iſraëlites pouvoient guérir leur impatience & leurs murmures.

De plus par raport à la conquête du païs de Canaan, c'étoit toute la même choſe ſoit que les Iſraëlites ſe batiſſent de bon gré, ſoit qu'ils ſe batiſſent par la crainte de la peine. C'eſt pourquoi le tout étoit qu'ils marchaſſent & qu'ils ſe batiſſent. Un Général d'Armée nous en ſauroit que dire ; il n'eſt pas fâché que ſes ſoldats aillent à l'aſſaut de bon cœur & gaïement : mais s'il étoit aſſuré que la crainte leur fera fraper d'auſſi grands coups, que feroit leur affection pour lui, il se consoleroit aisément de leur mauvaise volonté. C'est assez pour lui qu'elle ne les empêche pas d'aller au feu avec autant de promptitude. Ne considérant donc précisement que la marche vers la terre de promission, & l'attaque des Cananéens, peu importoit à Dieu que le peuple agit par crainte ou par amour, ainsi il faloit le châtier quand il refusoit d'aller. Mais dés qu'il s'agira du culte de Dieu & de Réligion, il faut nécessairement que les opinions en soient & la bonne volonté, & S. Augustin ne trouvera point d'éxemple du contraire.

Je ne sai pas pourquoi il remet tant de fois sur le tapis la conversion de S.Paul. Il s'imagine,peut-être,(ce qui seroit une illusion bien petite) que sans la violence que Jesus-Chrit fit à son corps, il n'auroit pas été illuminé de la connoissance de l'Evanvangile. Abus, Jesus-Chrit pouvoit le convertir sans aucun fracas, & pour ainsi dire en dormant. S'il a donc voulu rendre cette action si éclatante, c'est à cause de l'effet qu'elle pouvoit faire sur tous ceux qui l'apprendroient. Que fait tout cela pour les Loix d'Honorius, & pour les Dragons de Louis XIV?

Si Salomon ordonne aux Péres de châtier leurs enfans, ce n'est pas afin de leur inspirer telles ou telles opinions de Réligion; (le foüet n'est pas nécessaire pour cela, les enfans croient tout ce qu'on veut) mais pour les corriger de leur malice, de leur paresse, de leur gourmandise, de leur attachement au jeu, à quoi si on leur laissoit prendre habitude, ils deviendroient incorrigibles.

S. Augustin écrit ici à un Donatiste qui s'étoit voulu tüer, mais il en avoit été empêché par les satellites des Convertisseurs, & il lui dit que puis que pour lui ſauver la vie du corps on lui avoit fait une contrainte qui étoit juſte, à plus-forte raiſon en doit on faire pour ſauver la vie de l'ame. Afin d'avoir lieu de dire quelque choſe de plus que ce qui a été dit en un autre endroit, je conſidére ce Donatiſte comme ſe voulant tüer par un motif de conſience. Il eſt vrai, me dira-t-on, dans cette ſuppoſition, qu'on a fait alors une juſte violence à la conſience; donc toute contrainte de conſience n'eſt pas injuſte.

Je répons que l'on contraint la conſience en 2 manieres; l'une en empêchant, par éxemple, qu'un Catholique qui voudroit ſe mettre à genoux en voiant paſſer l'Hoſtie ne le faſſe, parce que 3 ou 4 hommes le ſaiſiront, & le tiendront droit, ou bien en ſaiſiſſant un homme de la Réligion, & lui pliant les genoux quand l'Hoſtie paſſe; l'autre

tre en lui proposant l'alternative ou d'abjurer sa Réligion, ou de souffrir telles & telles peines. Au 1 cas on ne fait point pécher un homme, au 2 on l'expose à une violente tentation, & on est cause bien souvent qu'il y succombe. Ceux qui avoient empêché le Donatiste de se tüer n'avoient violenté sa consience qu'en la 1 maniere, & ainsi ils ne l'avoient pas reduite dans aucune tentation de pécher, c'est pourquoi on ne doit pas les blâmer; mais aussi ne faut-il pas les comparer avec ceux qui contraignent en la 2 maniere, comme S. Augustin, toûjours malheureux en comparaisons, les y compare. Si l'on me demandoit mon sentiment touchant ceux, qui en la maniere que j'ai représentée, empêcheroient un Catholique d'adorer ce qu'il croit être son Dieu, ou qui mettroient à genoux un Protestant quand une hostie passeroit, je répondrois qu'ils feroient ſort-mal, encore qu'ils ne contraigniſſent pas leur prochain à faire un crime; car ce n'eſt pas un crime d'être à genoux devant une idole, lors que cette genufléxion n'eſt point commandée par la volonté.

XXXIX

PAROLES DE S. AUGUSTIN. Ibid.

Pendant que Jeſus-Chrit étoit ſur la terre, & avant que les Princes l'adoraſſent, l'Egliſe ne ſe ſervoit que de l'exhortation; mais depuis ce tems-là elle ne ſe contente pas de convier au bien, elle y force. Ces 2 tems ont été préfigurez dans la parabole du feſtin. La 1 fois le Maître ſe contenta d'ordonner que l'on fit entrer les gens, mais il ordonna enſuite qu'on les contraignit d'entrer.

RE-

REPONSE.

ON verra la refutation de ceci dans les 2 prémiéres Parties de ce Commentaire.

X L

Paroles de S. Augustin. Lettr. 167 à Festus.

Si l'on compare ce qu'une sévérité charitable leur fait souffrir avec les excés à quoi leur fureur les porte, on n'aura pas de peine à voir qui sont les persécuteurs d'eux ou de nous. Ils le seroient même à notre égard sans cela; car quoi que ce soit que des péres & des méres puissent faire pour ramener leurs enfans à leur devoir, cela ne sa peut jamais apeller persécution, & au-contraire dés-là que des enfans vivent mal, ce sont eux qui persécutent leurs péres & leurs méres quand d'ailleurs ils ne se porteroient à aucune violence contre eux.

RE-

REPONSE.

S. Augustin fait tout ce qu'il peut pour excuser les violences des siens sur celles qu'avoient commises les Donatistes ; mais c'est un fort-mauvais moien de se disculper, d'autant qu'outre qu'il ne faut jamais pécher par éxemple, on ne se contentoit pas de rendre le mal à ceux qui l'avoient commis, mais aussi on confondoit l'innocent avec le coupable. Il faloit se contenter de la punition des Circoncellions, & de tous autres qui avoient tüé ou pillé, les punir comme des assassins, & des Bandits, & voir par douceur & par raisons, si l'on pouvoit ramener les autres, & non pas mettre des maltotes sur leur Réligion, & la regarder comme font les Traittans certaines Provinces, où ils veulent éxercer amplement leurs déprédations. Comme c'est une pure question de nom que de savoir si un si un fils qui vit mal persécute son pére & sa mére, ou si un pére & une mére qui chassent leur fils de la maison, qui le deshéritent, qui lui donnent les étrivieres pour lui faire reprendre les opinions de son Catéchisme, dontil a crû reconnoître la fausseté, persecutent cét enfant, je ne m'y arrêterai pas. Je m'assure que mes Lecteurs, s'ils y prennent garde, trouveront qu'un pére & une mére méritent, en bien des rencontres, le tître des persécuteurs, quelque intention qu'ils puissent avoir de corriger leur fils des Héresies où ils le croient tombé. S. Augustin n'étoit pas si délicat cidessus, lors qu'il avoüoit que les bons persécutent les méchans, & que les méchans persécutent les bons.

FIN.

TA-

TABLE

Des

MATIERES

Pour le Commentaire Philosophi- sur les Lettres de S. Augustin.

II

PAROLES DE S. AUGUSTIN.

REPONSE.

III

PAROLES DE S. AUGUSTIN.

REPONSE.

IV

PAROLES DE S. AUGUSIN.

REPONSE.

V.

PAROLES DE S. AUGUSTIN.

RE-

REPONSE.

VI

Paroles de S. Augustin.

REPONSE.

Les

VII

PAROLES DE S. AUGUSTIN.

Tous ceux qui nous épargnent ne ſont pas pour cela nos amis, ni tous ceux qui nous châtient nos ennemis: *Les bleſſures qu'un ami nous fait * valent mieux que les careſſes affectées d'un ennemi.* La ſévérité de ceux qui nous aiment nous eſt plus-ſalutaire que la douceur de ceux qui nous trompent, & c'eſt une plus-grande charité d'ôter le pain à un homme, quelque faim qu'il ait, ſi quand il a dequoi manger, il néglige les devoirs de la juſtice, que de lui en donner & de lui en faire un appas pour le faire conſentir à l'iniquité. 39

* Prov. 27. 6.

REPONSE.

On

VIII

PAROLES DE S. AUGUSTIN.

REPONSE.

IX

Paroles de S. Augustin.

Vous croiez qu'on ne doit contraindre personne à bien faire; mais n'avez-vous pas vû que le Pére de famille commanda à ses gens de forcer d'entrer au festin tous ceux qu'ils rencontreroient? N'avez-vous pas vû avec quelle violence Saul fût forcé par J. C. de reconnoître & d'embrasser la vérité? . . Ne savez-vous pas que les Bergers se servent quelquefois de la verge pour faire rentrer les brebis dans la Bergerie? Ne savez-vous pas que Sara, selon le pouvoir qui lui avoit été donné, domptoit par un traitement plein de dureté l'esprit revéche de sa servante, non par aucune haine qu'elle eût pour Agar, puis qu'elle l'aimoit jusqu'à vouloir qu'Abraham la fit devenir mére, mais pour abatre son orgueil. Or vous n'ignorez pas que comme Sara & son fils Isâc sont la figure des spirituëls, Agar & son fils Ismaël représentent les charnels. Cependant quoi que l'Ecriture nous aprenne que Sara fit beaucoup soufrir Agar & Ismaël, S. Paul n'a pas laissé de dire que c'étoit Ismaël qui persécutoit Isâc, donnant à entendre à ceux qui ont de l'intelligence, qu'encore que l'Eglise Catholique tâche de raméner les charnels par les peines temporelles, ce sont eux qui la persécutent plûtôt qu'elle ne les persécute.

REPONSE.

X

Paroles de S. Augustin.

Les bons & les méchans font & souffrent souvent les mêmes choses, & ce n'est ni par ce qu'ils font, ni par ce qu'ils souffrent qu'il faut juger de ce qu'ils font, mais par le motif qui les fait agir ou souffrir. Pharaon abatoit le peuple de Dieu par de travaux acablans. Moïse de son côté punissoit l'impiété du même peuple par des peines tres-sévéres. Les actions de l'un & de l'autre se ressembloient, mais leurs fins étoient bien differentes: l'un étoit un Tiran enflé de son pouvoir, & l'autre un pére plein de charité. Jesabel fit mourir les Prophétes, & Elie les faux-Prophétes, mais ce qui arma la main de l'un & de l'autre n'est pas moins different que ce qui atira la mort aux uns & aux autres. Dans le même livre où nous voions S. Paul batu par les Juifs, nous voions aussi le Juif Sosthene batu pour S. Paul par les Grecs; les uns & les autres sont semblables par le dehors de l'action, mais ils sont bien differens par le motif. On livre S. Paul à un Géolier pour lui mettre les fers aux pieds, & S. Paul lui-même livre l'incestüeux de Corinthe à Satan dont la crüauté est bien autre que celle des Géoliers les plus-barbares, mais il ne livre cét homme à Satan qu'afin que sa chair étant mortifiée, son ame fût sauvée. Quand le même S. Paul livra Philetus & Himeneus à Satan pour leur aprendre à ne pas blasphémer, il ne cherchoit

pas

REPONSE.

Les

XI

PAROLES DE S. AUGUSTIN.

Si c'étoit toûjours un mérite que d'être persécuté, Jesus-Chrit se seroit contenté de dire *heureux ceux qui soufrent persécution*, & il n'auroit pas ajoûté, *pour la justice*. De même si c'étoit toûjours un mal que de persécuter, David n'auroit pas dit, *je persécutois ceux qui calomnient secrétement leur prochain* (Pseau. 101. v. 5.) 81

REPONSE.

XII

PAROLES DE S. AUGUSTIN.

Les méchans n'ont jamais cessé de persécuter les bons, ni les bons de persécuter les méchans;

REPONSE.

XIII

PAROLES DE S. AUGUSTIN.

REPONSE.

XIV

PAROLES DE S. AUGUSTIN.

REPONSE.

XV

Paroles de S. Augustin.

Il n'y a personne parmi nous, non plus que parmi vous (*Donatistes*,) qui n'aprouve les Loix des Empereurs contre les Sacrifices des Païens, cependant celles-là portent des peines bien plus-sévéres, & punissent de mort ceux qui commettent ces impiétez, au lieu que dans celles qu'on a faites contre vous, on a songé à vous tirer de l'erreur, plûtôt qu'à punir vôtre crime. 104

REPONSE.

XVI

Paroles de S. Augustin.

Pour ce qui est de solliciter les Empereurs de

XVIII

PAROLES DE S. AUGUSTIN.

REPONSE.

XIX

PAROLES DE S. AUGUSTIN.

RE-

REPONSE.

XX

PAROLES DE S. AUGUSTIN.

S'il se trouve des gens qui abusent de ces Loix que les Empereurs ont faites contre vous (*Donatistes*,) & qui s'en servent pour éxercer leurs haines particulieres, au lieu de s'en servir comme d'un instrument de charité pour vous tirer de l'erreur, nous desaprouvons leur procédé & nous le portons avec peine. Ce n'est pas que personne puisse dire qu'une chose lui apartient, à moins qu'elle ne soit à lui ou par le droit divin, par lequel tout est aux justes, ou par le droit que les hommes ont établi, & qui dépend des Puissances temporelles; ainsi vous ne sauriez apeller vôtre ce que vous ne sauriez prétendre comme justes, & que d'ailleurs les Loix des Empereurs vous ôtent, & vous ne sauriez par conséquent être reçûs à dire, *cela est à nous & nous l'avons aquis par nôtre travail*, puis qu'il est écrit *que les * justes profiteront de ce que les méchans ont amassé*. Cependant lors qu'à la faveur de ces Loix on envahit ce que vous possedez, nous desaprouvons ce procédé, & il nous fait une peine extréme. Nous condannons de la même sorte tous ceux que l'avarice, plûtôt que la justice porte

* Prov. 13 22.

REPONSE.

XXI PA-

XXIII

PAROLES DE S. AUGUSTIN.

REPONSE.

XXIV

REPONSE.

XXV PA-

XXV

Paroles de S. Augustin.

REPONSE.

XXVI

Paroles de S. Augustin.

REPONSE.

XXVII

PAROLES DE S. AUGUSTIN.

REPONSE.

XXXII

PAROLES DE S. AUGUSTIN.

REPONSE.

XXXIII PA-

XXXIII

PAROLES DE S. AUGUSTIN.

Lettr. 164 à Emeritus.

Quand les Puiſſances temporelles appeſantiſſent leurs mains ſur les Schiſmatiques, c'eſt parce qu'elles regardent leur ſéparation comme un mal, & qu'elles ſont établies de Dieu pour punir le mal, ſelon cette réglé de l'Apôtre, *qui réſiſte aux Puiſſances, réſiſte à l'ordre de Dieu, & ceux qui leur réſiſtent attirent eux-mêmes la condannation ſur eux,* &c. toute la queſtion ſe reduit donc à voir ſi le Schiſme n'eſt pas un mal, & ſi vous n'avez pas fait Schiſme; car ſi cela eſt, ce n'eſt pas pour un bien, mais pour un mal que vous réſiſtez aux Puiſſances. Mais direz-vous, on ne doit pas perſécuter même les mauvais Chrétiens. Quand cela ſeroit, pourroit-on ſe défendre par-là contre les Puiſſances établies de Dieu pour la punition des méchans? Pouvons-nous éfacer ce qu'en dit S. Paul dans l'endroit que je viens de raporter. 196

REPONSE.

XXXVI PA-

XXXVI

PAROLES DE S. AUGUSTIN.

Lettr. 204 à Donat.

S'il ne faut forcer personne, non pas même à faire le bien, souvenez-vous que l'Episcopat est un bien, puis que l'Apôtre le dit; cependant il y a plusieurs à qui l'on fait violence pour les obliger à l'accepter. On les prend, on les amene par force, on les tient enfermez jusqu'à ce qu'on leur ait fait vouloir ce bien-là. 215

REPONSE.

XXXVII

PAROLES DE S. AUGUSTIN. *Ibid.*

On fait bien que comme ce n'est que la mauvaise volonté qui danne les hommes, il n'y a que la bonne volonté qui puisse les sauver; mais l'amour que nous devons avoir pour eux, nous permet-il de les abandonner à leur mauvaise volonté? N'est-ce pas une crüauté que de lui laisser, pour ainsi dire, la bride sur le cou, & ne faut-il pas, autant que l'on peut, empêcher les hommes de faire le mal, & les forcer à faire le bien? 221

REPONSE.

XXXVIII PA-

XXXVIII

PAROLES DE S. AUGUSTIN. *Ibid.*

S'il faut toûjours abandonner la mauvaise volonté à sa liberté naturelle, pourquoi tant de fleaux & d'aiguillons si sensibles pour forcer les Israëlites, malgré leurs murmures & leur opiniâtreté, d'avancer vers la terre de promission? &c. 223

REPONSE.

XXXIX.

PAROLES DE S. AUGUSTIN. *Ibid.*

Pendant que Jesus-Chrit étoit sur la terre, & avant que les Princes l'adorassent, l'Eglise ne se servoit que de l'exhortation; mais depuis ce tems-là elle ne se contente pas de convier au bien, elle y force. Ces 2 tems ont été préfigurez dans la parabole du festin. La 1 fois le Maître se contenta d'ordonner que l'on

---

ERRATA.

Pag. 208 l. 13 *a aimé*, lisez *a armé*.

Les Lecteurs intelligens apercevront assez d'eux-mêmes les autres.

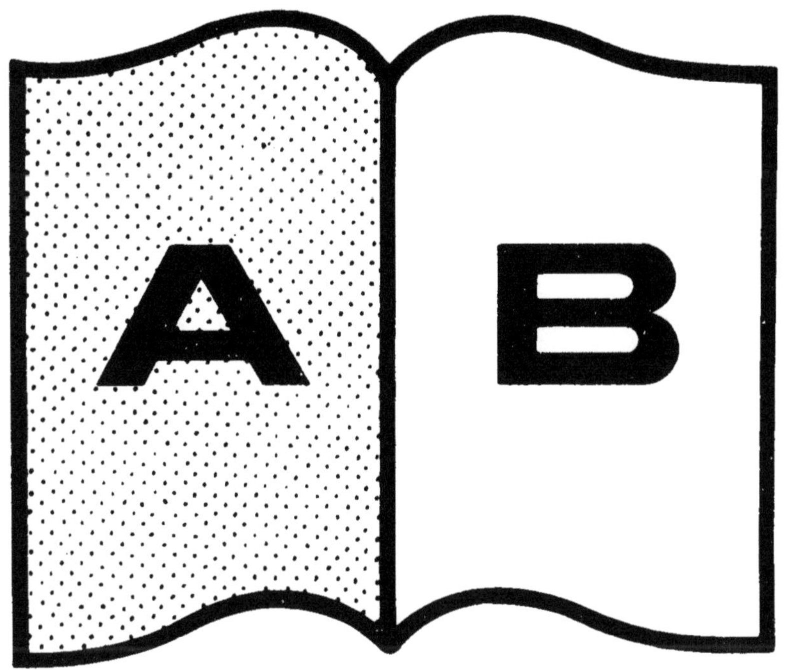

Contraste insuffisant

NF Z 43-120-14

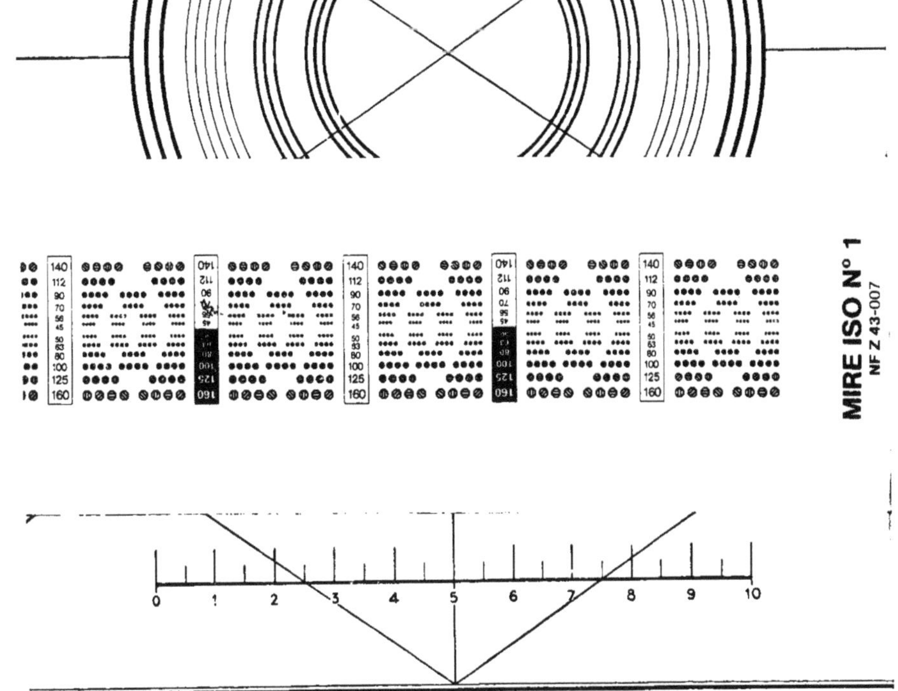

SERVICE PHOTOGRAPHIQUE

www.ingramcontent.com/pod-product-compliance
Ingram Content Group UK Ltd.
Pitfield, Milton Keynes, MK11 3LW, UK
UKHW020206250726
13967UKWH00003B/1298